Mustapha Guenaou

Djilali Fardeheb

Mustapha Guenaou

Djilali Fardeheb

l'instituteur au service de la culture, de la littérature et de l'écriture

Éditions Muse

Imprint

Cover image: www.ingimage.com

Publisher:
Éditions Muse
is a trademark of
Dodo Books Indian Ocean Ltd. and OmniScriptum S.R.L publishing group

120 High Road, East Finchley, London, N2 9ED, United Kingdom
Str. Armeneasca 28/1, office 1, Chisinau MD-2012, Republic of Moldova, Europe
Printed at: see last page
ISBN: 978-620-4-96414-0

Djilali Fardeheb dit Benyarou (1901-1957)

« Sauver un texte, pérenniser la mémoire de son auteur. » (Mustapha Guenaou)

Introduction

Cette contribution entre dans le cadre d'une série de publications, ayant pour objet principal la sauvegarde des textes qui, anciens ou oubliés, peuvent retrouver leur place chez la nouvelle génération. Dans cet ordre d'idée, nous cherchons à mettre en avant des anciens textes qui peuvent, un jour ou un autre, être relus ou utilisés par des chercheurs, qu'ils soient des chercheurs avertis ou des profanes. Nous parlons des Sciences Sociales et Humaines qui peuvent s'en charger de cette mission.

Depuis quelques décennies, nous nous sommes livrés à faire valoir le parcours de l'Homme, qu'il soit une femme ou un homme, sans oublier d'aller à la recherche des textes afin de pouvoir faire revivre l'âme de l'écriture, de la lecture et de la culture. Pour nous, ces trois passions chez l'être humain constituent ce que nous appelons la Triade de l'intellectualité pérenne et que nous désignons par l'acronyme T.I.P.

Djilali Fardeheb fait partie de ces intellectuels algériens francophones et un élément dynamique et animé de l'élite de Tlemcen, creuset du savoir et des sciences. Ancienne capitale du Maghreb centrale, cette ville avait donné de ses meilleurs enfants dans les différentes branches scientifiques et du savoir. D'ailleurs, les Tlemceniens présentent les marqueurs de l'intellectualité et des connaissances exprimés par le triptyque du savoir :

- *Savoir –faire*
- *Savoir –être*
- *Savoir – penser.*

Ce projet portant sur la mise en avant des biographies remonte aux années quatre-vingt du XX° siècle (1980) puisque notre passion ciblait la collecte de l'information biographique des lettrés, leurs œuvres respectives et les anonymes. La question nous renvoie au retour aux années de l'or d'or.

En premier lieu , nous avons rédigé le parcours de Djilali Fardeheb sur la base de nos différents contacts, source de notre information pour rappeler uniquement les témoignages de ses proches dont son fils Djamel et Hadj Boumediène Fardeheb , ancien magistrat à Oran.

En deuxième lieu, nous avons cherché à faire valoir ses œuvres qui sont, à ce jour, éparses. Alors, dans les années quatre-vingt-dix (1990), nous avions projeté de soumissionné une contribution pour la revue biographique, « Parcours », paraissant à Paris et dirigé par Jean Louis Planche.

En troisième lieu, nous avons effectué des recherches dans la presse pour mettre en avant ses activités d'ordre journalistique, d'ordre associatif et d'ordre professionnel. Ces supports nous permirent de collecter un maximum d'informations pour leur attribuer le qualificatif de données biographiques.

D'autres écrivains tlemceniens auront, In Challah !, l'occasion de faire valoir leur parcours. Il s'agit de penser au triptyque de la motivation pour pouvoir atteindre l'objectif respectif.

Fardeheb Djilali ,
un lettré d'expression française.

Tlemcen , ville natale de Djilali

Tlemcen , ancienne capitale zianide et du Maghreb central, avait donné un grand nombre de militants et d'intellectuels dans la double culture . Elle est décrite par des poètes qui ont habité cette ville d'art d'histoire ; et d'autres ont vanté cette cité princière, berceau de la culture arabo musulmane et ville savante. D'ailleurs, un fin lettré avait pris beaucoup de soins pour composer un poème pour les enfants de Tlemcen :

La prairie- un ciel vert aux étoiles de fleurs-
Le petit bruit d'une eau qui glisse Sur la pierre,
Les feuillages avec leurs frissons de lumière,
Les amandiers, les cerisiers envahisseurs.
Cet amical parfum qui partout vous devance
La respiration sonore de colline
Et là-haut ce manteau de vierge bleu saline
N'est – ce pas la douceur et le charme de France
Pourtant dans les sentiers qu'étreint le printemps fou
Des « salams » un instant voltigent et se posent
Et l'on voit tout là- bas, sous un arceau de roses
Eclater la blancheur lisse d'un marabout.
Des haillons somptueux pendent sous des charmilles
Un moment le benjoin subjugue des lilas
Et quand les femmes vont aux fontaines, voilà
Qu'on entend tinter clair les anneaux de chevilles.
Tlemcen, ville d'Islam à l'horizon normand
Tlemcen, ville bazar, Tlemcen ville mosquée,
O ville ! D'Evangile et ville de Coran,
Ton âme est à la fois très tendre très musquée.

Nulle n'a comme toi la grâce et la splendeur !
Salut belle Tlemcen à la fois brune et blonde !
S'il te voit par un jour d'Avril de pat le monde
Le poète le chante et te donne son cœur.

Ces œuvres littéraires, aussi nombreuses et variées, auraient, sans nul doute, poussé Djilali Fardeheb à s'intéresser plus à sa ville, comme les localités des environs de Tlemcen tel que le Hawz. .

Naissance et enfance de cet instituteur.

Ce centre de rayonnement culturel, Tlemcen, avait vu naître Djilali Fardeheb en ce jour du 11 Janvier 1901. En plein hiver , ce beau garçon est venu agrémenter la vie familiale des Ben Yarou dont le père , décédé le 5 février 1946 , aurait été un entrepreneur à la Compagnie de Chemin de fer « L'Ouest Algérien ».

Cette famille d'origine Kouloughlie est l'une des familles tlemceniennes qui encourageaient leurs enfants à s'instruire à l'école coranique ou à l'école publique , devenue laïque.Certains auraient fait l'école coranique avant de rejoindre les bancs de l'école française.

Rares étaient les Tlemceniens qui s'inscrivaient à l'école française pour pouvoir continuer leurs études , en ce début du XX° siècle.

Le père avait inscrit son fils dans le but d'améliorer son niveau d'instruction sans penser à occuper des postes dans l'administration française qui pourraient aider les « indigènes » à mieux défendre leurs droits. D'ailleurs, très nombreux sont les enfants, ayant quitté l'école pour rejoindre leurs parents à l'atelier pour apprendre le métier des ancêtres, surtout dans l'artisanat traditionnel.

Djilali fut l'un des meilleurs élèves de sa génération qui auraient rejoint, comme lui, l'école Normale de Bouzéréah (Alger).

A l'école primaire, il apprit la langue de Voltaire (1694-1778)pour s'en servir plus tard dans ses relations de voyages et ses mémoires.

Souvenirs et simplicité

Djilali avait perdu sa mère , le 9 Avril 1947. Musulman et simple citoyen, il assista, le 16 février 1955 , à l'enterrement de l'épouse de son ami , Abdelkader Mahdad.

Djilali , un indigène à l'Ecole Normale

En 1917, en plein première guerre mondiale, le jeune Fardeheb se présenta au concours d'entrée à l'Ecole Normale pour devenir instituteur, poste attendu depuis son jeune âge et… un rêve d'enfant !.

Il était l'un des élèves qui s'appliquaient dans l'écriture et le dessin. Admis , il devient élève instituteur jusqu'à 1920 , l'année de l'obtention de son brevet supérieur, diplôme exigé pour assurer l'enseignement à l'école primaire en Algérie , dans les douars, les mechtas, les villages et enfin dans les grandes villes. C'était une tradition et une forme de promotion des jeunes instituteurs !

Les amis de Djilali

Il avait quelques amis dont :

- Mustapha Berber , instituteur
- Kahia Allel , instituteur

Les contributions de Djilali

Nous avons relevé plusieurs collaborations de Djilali Fardeheb dont celles publiées dans :

- La Voie des Humbles
- Oran Républicain
- Le Petit Tlemcenien
- L'avenir de Tlemcen

Djilali , le conteur de la cité

Djilali , un fervent admirateur de son quartier , Agardir. D'ailleurs, il avait bien montré son attachement à cette ville antique de Tlemcen, déjà connue par l'histoire locale et nationale.

Pour ce mérite , il avait sauvé une partie du patrimoine culturel immatériel local en racontant, avec brio et beaucoup d'attention et en utilisant sa fine plume, « la légende de Choumissa , fille de Dilak , roi d'Agadir ». Cette légende est, ces dernières années , tombée dans la culture de l'oubli.

A Agadir, il y avait un endroit , actuellement disparu, appelé « Ksar Choumissa » , comme le voulait la coutume des rois et princes, était entouré de ruines avec « un bain maure enseveli dans de riches frondaisons. » Sa description est attirante avec un vocabulaire d'une grande finesse d'homme de Lettres.

« De retour à Tunis , dit –il , le vieux conquérant Okba ben Nafi dépêcha son neveu et fidèle lieutenant Sidi Abdellah Ben Djâafar, chargé d'une mission secrète, vers la résidence du Roi d'Agadir. Ce roi s'appelait Dilâk et portait le titre de Malik El Djidar, « roi des murailles ». Bien qu'il ne soit pas musulman, c'était un homme de bien , soucieux de justice et aimé de ses sujets.

« Se présentant au seuil du Palais, Abdallah, pauvrement vêtu, demanda à parler au roi. Mais il oublia la révérence et s'attira la colère du chef des Roums : « Si tu n'étais pas jeune encore, Arabe insolent, je t'aurait fait sauter la tête de dessus les épaules. En attendant, je te garde ici une semaine et tu mangeras avec mes esclaves. »

« Abdellah préparait en cachette le rapt de Choumissa. Il ne la désirait pas pour lui, mais il la destinait au vieil Okba, qui nourrissait sa vengeance d'avoir été battu sous les murailles(Djidar) d'Agadir. »

Il fallait s'attendre à ce qui allait arriver à cette ravissante princesse. (…………..)

« Un matin, la belle Choumissa, cloîtrée dans ses appartements au-dessus de la plaine, se mit à la fenêtre pour humer l'air frais qui caressait les grenadiers en fleurs. Son regard se figea soudain sur l'allure mâle d'Abdallah. Elle fut prise de fièvre. Elle se trouva dans le champ

« mure autant que peut l'être un régime de dattes quand Octobre est venu. »

« L'ennui commença à consumer son corps. Elle demanda à son père de lui procurer un agneau « srandi » qu'elle mènerait au verger pour se distraire. »

Le jeune Abdallah et la princesse Choumissa élaborèrent , selon la légende, un plan d'évasion.

« Il s'agissait, dit –il , pour la jeune fille de se rendre chez sa sœur aînée Banedou qui résidait au bord de l'Oued Saf Saf. De ce lieu éloigné, la fuite passerait inaperçue. Mais la sortie d'une Princesse » de sa demeure royale doit revêtir une certaine solennité .Abdallah travestit ses compagnons en de gracieuses filles revêtues de leurs plus beaux atours. Lui-même, perdu au milieu du groupe, devint méconnaissable.

A l'heure indiquée, Choumissa exprima son ennui et le désir de voir sa sœur de Saf –Saf. »

La plan fut ainsi élaboré . « La petite troupe , ajoute – il, démarra sous Bab –Er- Rouah, « la porte des vents », dont on admire encore les ruines que revêt un épais manteau de lierre. Tout le long du chemin, le son cadencé des tambourins couvrait la voix plus ou moins masculine des fausses compagnes. Mais le cœur de Choumissa était triste autant que celui de son père était inquiet. »

Et « Abdallah, fidèle à la mission confiée par son oncle, joua loyalement son rôle. Il remit à Okba, Choumissa munie de ses charmes et de sa vertu intacte. Mais la belle déçue, mise en présence de l'être ridé et bossu qui lui était destiné, manifesta sa rancœur et son mépris. »

Puis , il avait , également , pensé à une autre légende qui était , il y a une quarantaine d'année , très répandu dans le milieu tlemcenien : « La vieille qui a causé la ruine d'Agadir ». Aux temps des rois abdelouadides « l'histoire d'Agadir et l'histoire de Tlemcen , jusqu'ici avaient étaient séparées , se confondent. »

« La légende qui va suivre, dit –il, se rattache à cette époque. Elle explique la mort de ce qui fut Agadir, le berceau de Tlemcen. Cette légende, très vivante encore dans la mémoire des habitants, veut que le sac et la ruine de la vieille cité aient été la conséquence de l'œuvre diabolique d'une sorcière édentée, « el adjouz elli khlat Agadir », « la vieille qui a causé la ruine d'Agadir ».

Les mêmes termes injurieux s'emploient aujourd'hui encore pour désigner une commère dangereuse, à qui il faut témoigner la plus extrême méfiance. »

(……….)

« La jeune femme d'un Cadi était , raconte l'auteur , allée un jour au bain maure. Elle se trouvait enceinte pour la première fois et la nature l'avait affligée depuis quelques jours de cette aberration des sens et de l'esprit que les femmes appellent « envies ». Envies inéluctables de manger un fruit rare ou hors saison, envie de goûter à un met ou à une sauce apprêtés par un autre, alors que le même mets préparé par elle – même ne pouvait que lui donner la nausée. Près d'elle, assise derrière un banquet fumant , une Mauresque se délectait de quelques olives noires qu'elle tenait dans le creux d'une galette de froment éclatante de blancheur. » Comme le veulent les us et coutumes à Tlemcen, cette période , dite « Ouaqt el ouham », est réputée difficile pour la femme comme pour son époux , et surtout ceux qui sont à leur première expérience.

« Le soir , ajoute –il , le mari rentra. La prière ayant été annoncée du haut de la tour, il accomplit ses dévotions, puis s'étendit de tout son long sur le sopha moelleux . La jeune femme s'affaira autour de son maître et seigneur. Elle est allée au bain durant l'après-midi ; elle en est revenue toute rose et toute fraîche dans ses robes légères ; un parfum tenu, le musc subtil , s'exhale de sa blanche poitrine.

« Son mari la contemple amoureusement. Elle, essayant d'intercepter ses regards, pose devant lui la maïda , ou table de famille , sur laquelle elle a placé une galette à tremper dans le miel et le beurre. Ayant poussé la cruche d'eau fraîche à côté, la jeune épouse laisse échapper un « ouf ! » de désir et de lassitude. « Allah, s'exclame- t- elle, qu'il est délicieux de considérer le noir sur le blanc. »

Si la femme n'avait aucune arrière – pensée , elle avait , sans faire attention mais dans le but d'attirer l'attention de son cher époux . Quant à ce chef de la justice musulmane, il avait compris autre chose : une trahison conjugale.

« Mais le mari, qui ne s'expliquait par l'attitude de sa femme, interpréta différemment ces exclamations accompagnées de soupirs. Il s'estima trahi. Désemparé, il sortit de la chambre et alla quérir le vieux nègre attaché à la maison. Il obligea sa femme à le porter ligoté sur son dos. « Voilà le noir sur le blanc dont tu rêvais ! » vocifère- t – il, au paroxysme de la colère. Le supplice dura ainsi plusieurs jours. »

Plus tard , une vieille femme d'un genre exceptionnel , connue « el adjouza » (dans le sens de grande vieille) ou « settout » (femme méchante), vint à la maison avec de mauvaises intentions et ceci en profitant de l'absence du mari, un cadi, retenu à son lieu de travail , dit « la Mahakma » .

Elle lui fit part d'un projet pour jalouser le mari , une grande personnalité de la ville , en lui inculquant que le cadi avait l'intention de se remarier. C'est le point faible de toute femme qui aurait failli à son devoir de garder le secret familial . Dans la foulée , il lui parla d’une rivale qui pourrait venir cohabiter la maison et « se partager la vie conjugal du mari ». Cette Settout lui fit part de son soutien en lui offrant ses services.

« A peine , ajoute le conteur , avait – on achevé cet entretien qu’on entendit le lourd marteau de fer cogner la porte de la maison. C’était le maître.L’angoisse s’empara des deux femmes. Dans sa précipitation à s’enfuir, la vieille, en prenant une sortie opposée, oublia ses babouches au seuil de la chambre. On ouvrit. Le Cadi entra. Sa première attention se porta sur les babouches. Son épouse blême tremblait dans un coin. « Je comprends maintenant ! Cria l’homme. Une entremetteuse ignoble était là, à l’instant .Je vois ces chaussures de vieilles sorcières qui passent leur existence à répandre dans les familles le fiel amer que distille Satan. Eh bien, je réglerai ton sort avant peu ! »

La jeune épouse, naïve et amoureuse de son cher mari, devint une femme très suspecte , après avoir reçu la visite d’une vieille femme qui n’était autre que celle qui est venue combiner un mauvais tour , un drame, dans la belle demeure de notre cadi. D’ailleurs , elle lui aurait dit : « Ta femme ouvrit la porte et, surprise de me voir immobile dans la rue , me fit signe d’approcher , me fit des confidences et m’offrit ces babouches que je porte aux pieds. »

Dans le même ordre d'idée, cette femme sorcière lui ajouta : « Ton épouse me fit part de ses chagrins. Elle est décidée à te trancher la gorge, un soir, quand tu seras complètement plongé dans le sommeil. Sois donc sur tes gardes, ô cheikh el cadi. Que Dieu confonde tes ennemis et t'apporte la baraka pour le restant de tes jours. »

La vigilance conjuguée du cadi s'instaura dans l'esprit de cet homme digne, tout en voulant confirmer les dires de cette horrible femme qui cherchait à lui faire du mal.

En effet, « La nuit vint. Il soupa comme d'habitude. Ni son regard ni son attitude ne laissaient soupçonner la tempête qui bouillait sous son crâne. Dans la nuit noire, alors que, couvert de plusieurs épaisseurs de bourabas , il faisait semblant de ronfler, il sentit une main délicate lui frôler la barbe, tel l'effleurement d'un papillon. D'un geste rapide, il saisit si puissamment la main au poignet que le couteau tomba sur le sol.. Il alluma le Kendil et il aperçut sa femme plus morte que vive. Sa colère ne contint plus. Perdant tout contrôle de lui-même, il ne voulut même pas écouter les explications que son épouse essayait de prodiguer pour le convaincre qu'elle ne voulait point sa mort. Au comble de l'exaspération, il saisit sa femme par les cheveux et lui trancha la tête. »

Ce qui allait arriver est arrivé ! La famille de cette malheureuse épouse, victime d'un acte horrible et sans merci, apprit la mauvaise nouvelle et informa toute la population du village d'El Eubbad. Alertée, elle descendit vers Agadir pour venger la mort de cette fille, introduite dans un engrenage familial, terminé par un « crime gratuit. »

Donc , « la vague d'Es-Shab el Eubbad descendit en vociférant. Les vengeurs, armés jusqu'aux dents, se précipitèrent sur le vieille ville en éveil pour infliger au Cadi meurtrier et à ses partisans le châtiment mérité. Rien ne fut épargné. Ce fut un carnage épouvantable. Les maisons furent mises à sac. Le fer et le feu achevèrent ce qui subsistait des anciennes demeures. »

Collaborateur de « La Voix Des Humbles »

Fondée par un groupe d'instituteurs dont Rabah Zenati en1922 , « La Voix Des Humbles » est un bulletin ou une revue , animée par les instituteurs et défendant les droits des instituteurs d'origine indigène.

Quelques traces rappellent sa contribution . En 1933 , il envoya un article , intitulé « Les indésirables à « La Voix des Indigènes » , lancée en 1927 à Constantine par Rabah Zenati (1877- 1952). Ce périodique devint , après 18 ans de parution , « La Voix Libre ».

En date du 5 Juin 1937 , il fut le Trésorier de « La Voix Des Humbles »

L'instituteur

A la rentrée scolaire 1920-21 , il eut le premier emploi dans la région de Tlemcen . Son premier poste d'instituteur était à Tleta , dans le pays des Beni Snous. D'ailleurs, il l'avait rappelé dans ses écrits.

« Cette région, dit – il, située aux confins sud – ouest de l'arrondissement de Tlemcen et du Maroc, devrait attirer le voyageur par sa position géographique privilégiée, par la constitution géologique de son sol et par la douceur de son climat.

C'est un pays montagneux, de 450 kilomètres carrés, bien boisé et pittoresque, qui offre des excursions intéressantes .Il est habité par la tribu des Beni Snous. Il s'étend entre Marnia et Sebdou, entre le massif du Tenouchfi et la haute Tafna. »

Sa passion le conduit à s'intéresser plus à la région des Azaïls de Beni Snous , connue par son canal d'irrigation, Oued Khemis qui , « premier affluent important de cette rivière, a un débit presque équivalent à celui de la Tafna. Descendant impétueusement à travers la forêt vers des gorges profondes, l'oued Khemis découvre à la vue un paysage saisissant par sa beauté sauvage et la majesté de ses falaises que le couchant teinte de ses pourpres violacées. Il traverse les monts du Khemis en diagonale S.O- N.E, selon l'orientation générale du relief des monts de Tlemcen. ». La vie d'un instituteur dans un village éloigné était difficile mais elle laisse toujours de bons souvenirs de jeunesse.

« Et c'est avec une douce émotion, dit –il ,que l'auteur de ces lignes évoque ses débuts dans la carrière d'instituteur à Tleta (1920-21)lorsqu'il avait cette masure comme école et logement, entendant le soir l'hyène et le chacal renifler à sa porte. Mais la vie est belle quand on a vingt ans, lorsqu'on sait bien organiser ses loisirs après avoir achevé « le plus beau des métiers. »

Tleta a toujours abrité une colonie de juifs que l'on distingue péniblement des Berbères. Portant encore les vêtements indigènes, parlant arabe, ils vivent de leurs petits négoces de marchand d'œufs , de leur métier de savetiers ou de fabricants de bats pour bourricots . Très croyants, ils célèbrent ensemble le Sabbat dans la maison de l'un d'eux. »

Puis , en 1924 , il est muté dans la région de Marnia , ville de la Sainte Lalla Maghnia et occupa le poste à « Zoudj Beghal » où il eut de nouveaux élèves pendant trois années consécutives avant de rejoindre la même poste dans une école du chef-lieu , Marnia. Il lui a fallu une décennie avant de rejoindre sa ville natale, Tlemcen , centre de rayonnement culturel et creuset du savoir.

Le premier Janvier 1932 , il fut élevé à la 5° classe dans le corps des Instituteurs Indigènes.

1936 est l'année de la fondation du PCA et la mort en exil de l'Emir Khaled ce qui entraîna un deuil à Alger (29 janvier). La même année, il fut élevé à la 4° classe dans l'échelle des instituteurs.

Pendant la période du PPA, il était à Tlemcen où Messali Hadj rendait visite à ses militants et proches. Djilali resta quatre années dans cette ville où le communisme connut un essor important et ceci à partir du moment où le Parti communiste Algérien se sépare du Communisme Français. Le 27 février 1937 , il est muté à Tlemcen . En 1939, il dirigeait les cours supérieurs de l'école de Tlemcen.

Puis , pour ses activités politiques , il fut muté , en 1940 , à Lourmel , pays d'El Caida Halima , la femme légendaire d'Oran et d'El Amria. Il purgea sa peine puisqu'il était en résidence surveillée dans cette ville, située à une quarantaine de kilomètres du chef lieu du département de toute l'Oranie.

En Janvier 1941, il fut élevé à la 3° classe. En plein seconde guerre mondiale, il est encore , une fois de plus, envoyé au Sud algérien pour une mesure disciplinaire aux yeux de l'administration française et pour ses opinions politiques que nous retrouvons chez les militants nationalistes , et plus particulièrement les communistes algériens et français. Cette personne d'une haute stature et d'une culture exemplaire resta à Méchria et El Bayadh depuis 1943. Son séjour demeura cinq années.

A la veille de la fin de la seconde guerre mondiale , il retourna à Tlemcen pour enseigner à l'Ecole de la Gare avec certains de ses coreligionnaires.

Il a fallu attendre trois ans pour accéder à la 2° classe, confirmée par ordonnance du 15 mai 1945 et l'arrêté rectoral du 18 Avril 1947. La même suivante, il eut la mention honorable pour les efforts conjugués et la qualité de son enseignement (premier juillet).

Le guide touristique

Connaissait bien la région des Beni Snous , Djilali Fardeheb accompagnait très souvent les promeneurs et leur fit découvrir le charme d'un beau paysage , agrémenté par l'attraction de la nature.

Lors d'une sortie champêtre , « On retrouve les villages Dahar Ayed , Beni Achir et le Khemis, centre important où réside le Caïd, bâti sur une terrasse qui domine les Bni Hamou. Le lit est verdoyant. Bordé de jardins et des vergers en terrasses superposées, ce chef –lieu de montagne même une vie tranquille et archaïque. On se plaît à contempler les lavandières indigènes dans leurs préoccupations inchangées depuis les âges bibliques. Le village est pittoresque, avec ses ruelles qui débouchent brusquement dans les jardins et ses maisons désuètes que ravive de temps à autre la blancheur éclatante de la chaux. La mosquée, dominée par un vieux minaret, donne au site un caractère de quiétude et de repos. Dans les maisons, les femmes berbères tissent les nattes d'alfa et de laine dont on admire le décor dans nos mosquées de Tlemcen. »

Puis , il décrivit le paysage en faisant de son texte un beau tableau , avec cet artisanat traditionnel , constitué de potiers, tourneurs de plats en bois, leurs instruments archaïques, ceux qui font de cette attraction une curiosité qui incite le sourire du visiteur.

« La beauté sauvage du pays, l'aménité des habitants perdus loin des villages, cachés parmi les rochers, font que nul ne saurait regretter une excursion dans ces régions encore inconnues du grand public. »

Au sujet de ce canal qui aurait attribué son nom au village , il dit :

« L'Oued Khemis quitte le village du même nom pour atteindre la Tafna (dans le vaste bassin des Azaïl). Toute cette région est dominée par des monts à l'attitude relativement considérable, facilitant les précipitations atmosphériques. La disposition des roches contribue encore plus largement à donner à ce pays son cachet particulier : les terrains sont, en effet, souvent formés de calcaires fissurés reposant sur des grès poreux , eux – même assis sur des argiles et des marnes. Or, nulle disposition des couches géologiques n'est plus favorable à la formation des sources intarissables. Les eaux des pluies, canalisées par la pente montagneuse, pénètrent à travers les calcaires fissurés et les dolomies de la surface, s'infiltrent lentement dans les grès poreux où elles s'accumulent, arrêtées par les argiles et les marnes, dont elles suivent la pente avant de former ces belles sources que même les longs mois de la sécheresse d'été ne parviennent pas à tarir. Si jamais, se frayant un passage capricieux entre les plissements de la nature, elles rencontrent un obstacle qui veuille leur barrer la route, elles le franchissent en s'aventurant à travers d'étroites gorges dans lesquelles elles forment, de palier en palier, des cascades successives jusqu'à la plaine inférieure. »

Au sujet d'un douar du nom de Azaïl, il était très précis dans sa description.

« Au sud et à l'est de cette région , dit –il , s'étend le douar des Azaïl qui est administré par la Commune Mixte de Sebdou. (……). La population, ethniquement berbère, vit dans des grosses agglomérations : Beni Bahdel, Tafessera, Tleta, Zahra, dont la construction et le style sont typiquement berbères. (…………) .

Tafessera est une vielle ville qu'à visitée et décrite au Moyen – âge Léon l'Africain. Tleta et Zahra sont deux nids de verdure, très agréables à visiter. Ces villages possèdent chacun une périphérie irriguée et sont en outre entourés par une ceinture de vergers à sec (oliviers).

Ce douar bénéficie d'une expérience de paysannat qui a pour but de transformer les cultures arboricoles très défectueuses en vergers modernes de rapport très lucratif, par la modernisation des méthodes de culture de l'arbre fruitier, notamment du pêcher. »

Au sujet de Tafessera , il dit : « Nous sommes en plein pays des Azaïls qui dépendent administrativement de la C(ommune) M (ixte) de Sebdou. Quatre villages séparés par des collines rocailleuses vivent leur vie ancestrale que seule la présence de l'Ecole française rattache au monde civilisé.

Le long d'un chemin caillouteux et malaisé , le car pénètre dans Tafessera , la cité peut –être la plus ancienne ,capitale du roi berbère Cherwan , disent les vieux habitants, frère de Malik El Djidar d'Agadir (Tlemcen) et de Lablack le chauve d'Oujda. »

Etant un homme très documenté, il ajouta : « Au XVI° siècle , le voyageur Léon l'Africain l'avait décrite dans ses mémoires comme ville entourée de remparts à l'abri desquels florissait un monde d'artisans habiles et de commerçants opulents. Une vaste nécropole et des Koubbas attestent son importance passée. Nous sommes d'ailleurs accueillis dans les ruelles par une population remuante qui profite de l'occasion pour nous vendre de jolis objets en alfa tressé ou en laines teintes de couleurs naturelles : corbeilles ,tebegs, paniers à fruits, etc…

Nous visitons aussi la blanche mosquée berbère au style archaïque sous laquelle coule une source étincelante à la sortie, comme « l'épée tirée du fourreau. » avant de passer à la description de la visite du « village de Tleta (El Meghanîn pour les habitants).

Aucun alignement. Les maisons en pierre sèche parsèment les rochers qu'il faut grimper. Une vieille mosquée , qui porte le nom de Sidi Ali Maghnin , un saint mystique, abrita comme étudiant, au début de l'occupation, l'agha Ben Abdellah , le premier serviteur de la France dans la région, dont l'assassinat à Tlemcen par le Capitaine Doineau (1856) donna lieu à un procès célèbre. Ce fut d'ailleurs l'une des causes de la fin du régime des bureaux arabes. »

Pour le « village de Zahra (la fleurie) , dit –il , parmi les vergers aux riches frondaisons . Le long du ruisseau Ain Madra , s'érige le petit Palais des Khobichat, apparentés aux Benabdellah. L'Agha Zoubir, toujours généreux et hospitalier, invite tout le monde à accepter une diffa. Mais le temps est limité et les voyageurs s'abreuvent seulement d'une bonne rasade d'anisette coupée d'une eau fraîche et exquise. »

Le syndicaliste

Ses débuts dans le syndicalisme remontent à la veille de la crise mondiale de 1929.En 1928 , il adhéra , pour la première fois , au Syndicat National des Instituteurs. Puis, la même année, il devint membre cotisant de l'Association des Instituteurs d'Origine Indigène.

Enseignant à Marnia, il organisa une campagne, la première du genre, au profit de « La Voix Des Humbles », revue animée par le corps des instituteurs, alors dirigée par Faci, un kabyle d'origine .

Puis, l'Association des Instituteurs d'Origine Indigène tint son congrès, deux jours durant, à Tlemcen où un grand nombre de militants ont assisté les 31 mars et le premier Avril 1934.A cette rencontre , il avait représenté les instituteurs de Marnia qui l'auraient choisi et délégué pour son activité syndicale au sein de l'A.I.O.I.

Trois années plus tard, il représenta l'Association des Instituteurs d'Origine Indigène dont il est membre actif au Congrès Musulman de Marnia , en Janvier 1937. Il signale , à ce congrès , la présence de Cheikh El Bachir

El Ibrahimi , Bouchama et Maitre Kadi. Pour lui c'était : « Espoir ! »

Le 19 Avril 1938 , il fut élu Trésorier du Congrès des Instituteurs d'Origine Indigène , tenu à Alger.

Pour son dévouement et son activisme politico – social au sein de l'Association des Instituteurs d'Origine Indigène, il devint, en avril de la même année , Trésorier Départemental. En plus de la Trésorerie départementale de l'A.I.O.I. , en remplacement de l'Instituteur Abdelkader Belkharoubi, il fut, également , le Trésorier du groupement de Tlemcen du Syndicat National des Instituteurs.

Pour ses activités syndicales, il est arrêté, le 25 décembre 1942, pour l'incarcérer à Lourmel , actuelle El Amria. Après un court séjour, il est transféré à la prison d'Oran puis à Perrégaux , actuelle ville de Mohammadia, et à Saida. Il aurait effectué, en 1942, un séjour au Camp de Djenien Bou Rezk.

Son témoignage vient donner quelques précisions : « (….)Après 18 jours , passés , dit –il , à la prison de Lourmel , d'Oran, de Pérrégaux et de Saida. » Puis , « du 25 décembre 1942 au 3 Avril 1943 , ajoute –il , le cœur ulcéré par l'acte de force barbare opéré sur ma personne.

Des jours , des nuits , l'âme en proie aux folles idées.

Ma femme , mes enfants , leur pensée me torture. Je me réfugie à Dieu et j'attends la justice immanente. »

Le 18 Novembre 1947 , il déposa sa candidature pour le bureau du Syndicat National des Instituteurs de Tlemcen.

Le 13 mars1948 , il assista au Congrès extraordinaire des Instituteurs indigènes et le 15 mai , il fut élu Trésorier du Syndicat National des instituteurs.

Le 15 mars 1956 , il fut élu , encore , Trésorier au Syndicat National des Indigènes.

Le membre- sociétaire des « Amis du Vieux Tlemcen »

Tlemcen avait une élite intellectuelle vers la fin du XIX° siècle et début du XX° siècle. Un groupe d'intellectuel , majoritairement européen , aurait décidé la fondation d'une association culturelle , conforment à la loi de 1901 , relative aux associations françaises. Les membres fondateurs avaient créé , donc, « Amis du Vieux Tlemcen ».

Il a fallu attendre Janvier 1936 pour pouvoir accepter Djilali Fardeheb comme membre des « Amis du Vieux Tlemcen » , officialisé le 26 février .

En collaboration avec de la Fédération des Sociétés Savantes d'Afrique du Nord, Les « Amis du Vieux Tlemcen » avait organisé, à l'occasion du centenaire de l'occupation française de la ville de Tlemcen , son Congrès auquel avait participé un grand nombre d'intellectuels , chercheurs et orientalistes.

Un riche programme fut élaboré comme suit :

Puis , il commença à animer des rencontres et conférences aux « Amis du Vieux Tlemcen ». D'ailleurs , nous avons retrouvé quelques informations relatives à l'animation de quelques rencontres savantes. Le 18 mars 1939 , il avait animé une conférence , ayant pour thème : « Coutumes concernant l'enfance musulmane ».

Ce fin lettré était un ami de longue date de Yahia Boutmène, ancien secrétaire à la Sous-Préfecture de Tlemcen et membre fondateur de l' « Amicale des Secrétaires – Interprètes des Sous- préfectures d'Algérie (1936) . Ce membre des « Amis du Vieux Tlemcen » fut élu , le 8 juillet 1950 , président d'honneur de l'Etoile Sportive de Tlemcen.

En 1948 , il assista à une conférence sur cheikh Mostefa Bendimerad, organisé par les « Amis du Vieux Tlemcen » et animé par M. Hamidou , alors professeur à la Medersa officielle de Tlemcen.

Le 13 Novembre de la même année, il anima une conférence , ayant pour thème « Histoire et légende d'Agadir , berceau de Tlemcen »

Le membre de la Société de Géographie et d'Archéologie d'Oran

Intellectuel, un bon chercheur et lecteur du bulletin de la Société de Géographie et d'Archéologie d'Oran , il s'intéressa à toutes les publications dont, au moins , un exemplaire était destiné à la société savante des « amis du Vieux Tlemcen » dont il est membre depuis 1936.

Le 15 Avril 1938 , il est admis , sur parrainage d'un membre , à la Société de Géographie et d'Archéologie d'Oran. Il payait, chaque année , sa cotisation de membre de la SGAO.

Le correspondant - journaliste

Passionné de la lecture , il fit une aventure dans la presse régionale , « L'Echo d'Alger ». Il commença par des petites contributions et il eut , en date du 8 juillet 1936, sa carte officielle de correspondant de l'Echo d'Alger.

Le membre de la Société « Le Foyer Nord Africain »

En date du 3 Août 1932 , il adhéra à la Société « Le Foyer Nord Africain » dont le siège se trouvait à Alger. La même année , il obtint son brevet de conduite de moto.

Le membre de « l'Association des déportés »

Ancien membre de « l'Association des déportés » , il renouvela sa carte en ce début de l'année 1948.

En 1953 , il est membre de la « Fédération Nationale des Déportés et Internés résistants et patriotiques. »

Le membre du Syndicat de Défense des Propriétaires de Sidi Chaker et d'El Kalâa.

Membre du Syndicat de Défense des Propriétaires de Sidi Chaker et d'El Kalâa , il est élu , le 2 juillet 1955, comme Vice – Président.

Le membre de l'Association des « Arts et Sciences »

En 1948, il est membre de l'Association des « Arts et Sciences »

Croix Rouge

Le 26 novembre 1955, il fit une souscription à la Croix Rouge »

Medersa Idrissia d'Agadir

Le maître Fardeheb assista , la 4 Avril 1954 , à l'inauguration de la première classe de la « Medersa Idrissia d'Agadir »

Le membre du Cercle des Jeunes Algériens.

Fondé officiellement en 1910 , le Cercle des Jeunes Algériens était un foyer et un lieu d'expression culturelle pour tous les Tlemceniens. Il était fréquenté par l'élite de la ville depuis l'artisan jusqu'à l'instituteur. Ancien membre , il fut élu , le 30 Avril 1938 , secrétaire général de ce Cercle qui regroupait une couche sociale de grand mérite. Nombreuses étaient les conférences, animées par les membres sociétaires. A ce Cercle faisait partie le grand poète populaire Si Mostefa Bendimerad et l'illustre Cheikh Mostefa Ben Aboura , un instituteur , un artiste et maître de la musique andalouse.

Membre du Cercle , il assista à la rencontre qui , entre Berbère , Colvel et Abbas , eut lieu le 20 mars 1947. La même année , le Cercle des Jeunes Algériens avait invité M.Fardeheb pour la création de « l'Association pour l'évolution de la femme musulmane. »

Connaissant bien Abdelkader Mahdad , il était peiné à la suite de l'arrestation de ce militant UDMA et membre du Cercle des Jeunes Algériens , survenue le 30 mars 1948. La même année , il présenta la biographie de Sidi Ali Benyahia , conférence qu'il avait animée à Agadir. Quelque jours plus tard , il rencontra Abderahmane Mahdjoub au Cercle.

En 1950, Malek Benabi fut l'invité du Cercle des Jeunes Algériens et anima, le 15 Avril, une conférence sur le problème de la civilisation arabo musulmane à laquelle avait assisté M.Fardeheb.

Le voyageur ou admirateur des voyages

En Septembre 1932 , il fit un voyage au Maroc.

En 1951, il fit beau voyage , organisé par les « Amis du Vieux Tlemcen » pendant les vacances de Pâques :« Dirigée par Monsieur FARDEHEB , membre du comité de la Société , la caravane prend , en chemin de fer , la direction du Maroc. Une halte à Meknès nous permet de nous reposer et de contempler les splendeurs de la vieille capitale de Moulay Ismaël , contemporain de Louis XIV avec lequel il entreprenait des relations amicales. Le fameux monarque musulman avait tenu à rivaliser avec le grand roi chrétien en réalisations grandioses. Il est incontestable que , empêché d'acheter son « Versailles Marocain » , il y laissa cependant les traces d'une civilisation brillante et le royaume qu'il dirigea pendant 55 ans était florissant et policé. »

Puis , il décrit son voyage entre le Maroc et l'Espagne , en disant : « La ville , merveilleusement située sur les pentes d'une montagne , domine le détroit de Gibraltar.

Son amphithéâtre de maisons blanches d'où émergent de sveltes minarets aux faïences polychromes , sa kasba aux vieilles murailles , sa Mendoubiya aux arbres séculaires qui recèle une batterie de vieux canons braqués sur la mer, ses immeubles modernes abritant les fameux « soccos » où grouille une foule bariolée et trépidante de marchands affairistes parmi un mélange curieux de vieux fiacres.

Et, de taxis du style dernier cri , ses frais jardins que caresse la brise , ses bazars et ses boutiques d'artisans et de pâtissiers, sa population indigène aux costumes traditionnels en font une des villes les plus pittoresques et les plus sympathiques de l'Occident maghrébin. »

Dans ce beau pays du Maghreb , « nous ne pouvons passer, dit –il , sous silence la chaude réception qui nous fit faite par l'Amicale des Algériens fonctionnaires au Maroc qui , à l'occasion de son congrès annuel , tint ses assises à Tanger.

Dans la splendide demeure de Si Tayeb Berber , nous fûmes accueillis par les organisateurs Si El Hadj Hammadi , Si Youb Seladji et tant d'autres compatriotes pour participer à un banquet qui réunit plus de 150 convives. »

Il aurait assisté, avec ses collègues, à une rencontre scientifique :

« Nous eûmes l'heur d'écouter, ajoute l'auteur, à la fin du repas , une conférence Sur Goethe et le mysticisme musulman , donnée par notre ex élève et concitoyen tlemcenien , M. Benachenhou Abdelhamid , élu président de l'Amicale et actuellement interprète aux Affaires Cherifiennes de Rabat.

La vie est attachante à Tanger. On voudrait se prélasser sur les rochers fleuris du Cap Spartel situé à 12 km. A l'ouest de la cité , près des Grottes d'Hercule où d'après la légende , séjourna le fameux héros antique. »

Dans le pays ibérique , il relata ce qui suit : « Après un bon repas où nous faisons honneur aux rougets frits et aux superbes oranges d'Espagne , nous nous engouffrons dans un autorail pour filer sur Séville.

A travers une campagne que le printemps a parée de ses riches frondaisons, nous contournons les monts que recouvrent à perte de vue les oliviers argentés, traversant les torrents dont les diamants chatoient parmi les souches et les lianes , découvrant à tout moment les blancs villages d'où émergent des clochers. »

Puis , il fit , en compagnie de ses collègues des « Amis du Vieux Tlemcen », une description.

« Nous visitons, ajoute l'auteur, l'immense cathédrale au coin de laquelle la Giralda élance sa grâce et son harmonie à 94 mètres de hauteur , trouvant bien haut l'azur , où les martinets en jacassant lui font des ondes d'honneur. Minaret splendide d'une mosquée aujourd'hui disparue ; de son campanile , l'œil embrasse la capitale imposante de l'Andalousie. On se plaît à fixer son regard sur ses vieux quartiers maures aux ruelles tortueuses , sur ses places modernes dallées de marbre où s'érigent les statues équestres des Conquistadores , sur ses fraîches maisons où les patios ombragés de citronniers abritent l'éternel vasque ciselée , sur le fameux palais de l'Alcazar aux 78 appartements, avec ses fines colonnes et ses arcades festonnées qui en accentuent l'enchantement , enfin sur le Guadalquivir qui , paresseusement, coule ses eaux bleues où se mirent les barques…. « Qui n'a vu Seville , n'a vu de merveille », disait-on autrefois. Ce cri d'admiration continue à trouver son écho , et c'est avec regret que nous prenons le train pour atteindre Cordoue. »

Puis , « nous visitons l'admirable mosquée , la Mesquita , dont l'impressionnante forêt de colonnes et les arcs polylobés rappellent notre Djemâa –el- Kébir de Tlemcen. Nous restons conquis par la forme et le décor des chapiteaux, la finesse des arcatures, les coupoles où s'entrecroisent les nervures qui enserrent des jours en verres coloriés, la perspective des nefs et des travées, la splendeur du Mihrab aux mille détails fantaisistes, les versets du Coran qui ondulent en arabesques subtiles le long de frises infinies. Le grandiose monument sous lequel méditèrent Abderahmane 1er et l'illustre Averrhoës est aujourd'hui transformé en cathédrale. »

Puis Grenade, la Perle andalouse, « Grenade ville d'art et de beauté dont le nom est inséparable de la triste épopée des Abencérages. Bâtie au pied de la Sierra Nevada sur deux collines que sépare le Dourro , c'est une ville qui rappelle bien des sites de notre perle du Maghreb. Une visite à la Cathédrale nous permet de contempler une collection rare de reliques, costumes et étendards du Moyen Age, statues et peintures religieuses, bustes émouvants du Christ et , mater dolorosa dans une niche éclatante de lumières, la Vierge de Fatima. Au milieu de la grande salle, taillés dans un marbre pur, s'allongent les gisants de Ferdinand d'Aragon et d'Isabelle de Castille , de Philippe le Beau et de Juana la Loca (Jeanne la Folle , mère de Charles Quint). »

Et, « l'Alhambra, le fameux palais qui est voisin du Généralife . Il faudrait trois jours, nous dit un guide, pour visiter attentivement ces deux merveilles de goût et de splendeur. Nous passerons ici sur les détails. Comme sur une parure de diamants, nous n'en conserverons que l'émotion due à l'éblouissement de l'ensemble. »

Quelles admirations pour cet art arabo musulman dans le pays espanisé ? Lors de la rédaction de sa relation de voyage en Espagne, il avait posé quelques questions :
« Faut – il s'arrêter à la cour des Lions qu'entourent 128 colonnes ? A la salle des Ambassadeurs dont la coupole immense revêtue de stalactites finement peintes ravit l'esprit ? A la salle de Las Hermanas (les deux jumelles) ? A l'appartement de Las Munecas (les poupées) ?Au bain des monarques ?

A la piscine qu'encadrent des rangées de myrte et où se baignaient trois cent favorites sous le regard du seigneur avachi sur son divan ? Sur les décors en stuc ? Parmi les rinceaux de fleurs et les couleurs , des invocations se poursuivent en frises interminables « Dieu seul est victorieux », « La royauté seule appartient à Dieu »,

« L'Eternité est à Dieu Seul ».Comme si ces gens affinés , à l'apogée de leur bonheur , présentaient la fragilité de leurs conceptions et la vanité de leurs espoirs . »

Le militant

Le Parti Communiste Algérien fut fondé en 1936. Djilali Ferdeheb n'adhéra à ce mouvement politique que treize années plus tard. Il activa au sein de ce parti que depuis son adhésion, le 24 Janvier 1949.Il activa au sein de la section locale de Tlemcen du PCA. Alors , qu'il avait déjà rencontré Hadj Ali , rédacteur de « Liberté » , le 9 juillet 1947. A la tenue du troisième congrès régionale du PCA , le 23 Août 1947 , Djilali Fardeheb fit une intervention sur l'instruction en Algérie.

En 1948 , il rencontre Berbar au PCA et sa souscription à ce parti eut lieu tout après cette rencontre historique et décisive. Puis, il s'abonne au « Patriote Résistant »

« Les soucis , écrit Djilali Fardeheb , que me causaient mes ennemis ne m'ont pas empêché de militer dans les organisations syndicales ou dans la presse en vue d'une ère de liberté et d'égalité et afin que le musulman se réveille d'une apathie que je dirais congénitale car depuis des siècles de sommeil, il continue à subir dans la honte et le mépris les connaissances d'une décadence qu'il n'a pas pu ni su stopper.

A « La Voix des Humbles » Zenati, à « La Défense » comme autrefois au « Trait d'Union » de V. Spielmann , sur « Le Petit Tlemcenien », sur « L'Echo de Tlemcen » , j'apporte mon concours désintéressé et m'entête à dévoiler les iniquités et d'apporter mon opinion. »

Puis, « L'histoire de la clarinette , ajoute l'auteur , (……….) est une manifestation de ce souvenir amer.

Ajoutée à mon influence au sein de la société sportive, ajoutée à d'autres incidents qu'on me créera encore dans les jours à venir avec la complaisance d'une sale politique qui consiste à toujours faire plaisir à ses électeurs , tout cela dénué de faits réels , sera la réalisation d'une atmosphère dont les relents parviendront au nez de l'autorité (…..)

Et, qui peu à peu me mènera de la suspicion à la menace, de la perquisition au déplacement d'office , de la prison au bagne des internés politiques.

Pendant toute ma vie , je porterai sur mon front le signe de l'anti – France. »

Membre de l'Association des Parents d'élèves

Le 7 juillet 1947 , il est élu Secrétaire du Comité de l'Association des Parents d'élèves.

Œuvres

1. Mon régiment
(inédit)

2. Mes Pénates
(inédit)

3. Djilali
En quatre tomes
(inédit)

4. Excursions aux Azails et au Beni Snous
In BSAVT, 1952, pp37-42

5. Voyage des Amis du Vieux Tlemcen au Maroc et en Espagne
In BSAVT, 1952, pp42-5

6. L'Oued Khémis. Le pays des Beni Snous et Azails
In BSAVT, 1954, pp42-4

7. La légende de Choumissa, fille de Dilâk roi d'Agadir
In BSAVT, 1954, pp86-7

8. La vieille qui a causé la ruine d'Agadir
In BSAVT, 1956, pp174-7

Bibliographie

1. Houari Touati : Dictionnaire biographique du mouvement ouvrier de l'Oranie.
   Les militants syndicaux.
   Oran , CDSH , 1981, 214 pages
   (Cahiers du CDSH n° 8)

2. Bulletin de la Société « Les amis du Vieux Tlemcen »
   N° 1952 , 75 pages

3. Bulletin de la Société « Les amis du Vieux Tlemcen »
   N° 1954 , 103 pages

4. Bulletin de la Société « Les amis du Vieux Tlemcen »
   N° 1952 , 177 pages

5. Jean Dejeux

- Situation de la littérature maghrébine de la langue française.

Approche historique – Approche critique. Bibliographie méthodique des œuvres maghrébines de fiction 1920-1978.
Alger , OPU, 1982, 271 pages

- Bibliographie méthodique et critique de la littérature algérienne de la langue française. 1945- 1977
Alger , SNED, 1979, 307 pages

Entretiens

- Hadj Boumediène Faredeheb
- Djamel Faredeheb

Presse

Le Petit Tlemcenien.
L'Echo d'Oran

La légende de Choumissa , fille de Dilak , roi d'Agadir [1]

[1] Cf. Bulletin « Les amis du Vieux Tlemcen , 1954, pp86-7

De retour à Tunis , le vieux conquérant Okba ben Nafi dépêcha son neveu et fidèle lieutenant Sidi Abdellah Ben Djâafar, chargé d'une mission secrète, vers la résidence du Roi d'Agadir. Ce roi s'appelait Dilâk et portait le titre dee Malik El Djidar, « roi des murailles ». Bien qu'il ne fut pas musulman, c'était un homme de bien , soucieux de justice et aimé de ses sujets.

Se présentant au seuil du Palais ([2]), Abdallah, pauvrement vêtu, demanda à parler au roi. Mais il oublia la révérence et s'attira la colère du chef des Roums : « Si tu n'étais pas jeune encore, Arabe insolent, je t'aurait fait sauter la tête de dessus les épaules. En attendant, je te garde ici une semaine et tu mangeras avec mes esclaves. »

Abdellah préparait en cachette le rapt de Choumissa. Il ne la désirait pas pour lui, mais il la destinait au vieil Okba, qui nourrissait sa vengeance d'avoir été battu sous les murailles(Djidar) d'Agadir. Il était jeune et beau. Les traits de sa figure et les muscles de ses bras attestaient la bravoure et le mépris du danger.

Un matin, la belle Choumissa, cloîtrée dans ses appartements au-dessus de la plaine, se mit à la fenêtre pour humer l'air frais qui caressait les grenadiers en fleurs. Son regard se figea soudain sur l'allure mâle d'Abdallah. Elle fut prise de fièvre. Elle se trouva dans le champ

---

[2] Le lieu, appelé « Ksar Choumissa » est entouré de ruines où l'on peut reconnaître encore un bain maure enseveli dans de riches frondaisons.

« mure autant que peut l'être un régime de dattes quand Octobre est venu. »

L'ennui commença à consumer son corps. Elle demanda à son père de lui procurer un agneau « srandi »([3]) qu'elle mènerait au verger pour se distraire.

Le roi parti, elle ordonna à ses nègres de lui amener le beau jeune homme d'entre les Arabes, qu'elle avait aperçu de son balcon. A la moindre alerte, celui –ci se cacherait dans le creux d'une des quatre colonnes en forme de jarres, qui ornaient la terrasse du bas.

Mais le père méfiant envoyait chaque matin et chaque soir deux « kahhans » chargés de déceler les agissements secrets de Choumissa. Ces gardiens avaient quelque méfiance. Ils ne se laissait pas de répéter à la belle captive : « Princesse, nous sentons l'Arabe près de nous. » Un jour, l'un des hommes d'escorte, ayant perçu des bruits compromettants, se mit à tapoter l'une des grandes jarres et à s'écrier : « Il doit être là-dedans ». Aussitôt un chapiteau mobile se renversa et Abdallah sortit faisait sauter, d'un rude coup d'épée, la tête des deux sorciers compromettants. Les corps furent aussitôt éloignés et enterrés par les nègres.

---

[3] Ayant une jolie tâche claire entre les yeux.

Abdallah et Choumissa élaborèrent alors un plan d'évasion. Il s'agissait pour la jeune fille de se rendre chez sa sœur aînée Banedou qui résidait au bord de l'Oued Saf Saf. De ce lieu éloigné, la fuite passerait inaperçue. Mais la sortie d'une Princesse » de sa demeure royale doit revêtir une certaine solennité .Abdallah travestit ses compagnons en de gracieuses filles revêtues de leurs plus beaux atours. Lui-même, perdu au milieu du groupe, devint méconnaissable.

A l'heure indiquée, Choumissa exprima son ennui et le désir de voir sa sœur de Saf –Saf.

Que peut refuser un père pour dissiper la tristesse maladive de sa jeune et gracieuse fillette ? En voyant l'agréable escorte des belles compagnes de Choumissa., le roi Dilâk ne soupçonnait pas que la ruse de ces gens allait le séparer pour toujours de la « prunelle de ses yeux ».

La petite troupe démarra sous Bab –Er- Rouah, « la porte des vents » ([4]), dont on admire encore les ruines que revêt un épais manteau de lierre. Tout le long du chemin, le son cadencé des tambourins couvrait la voix plus ou moins masculine des fausses compagnes. Mais le cœur de Choumissa

---

[4] Qu'on peut aussi traduire « porte du Départ ».

était triste autant que celui de son père était inquiet.

Le roi dépêcha vers eux un petit groupe de « Kahhans », travestis en mendiants. Se servant du sable révélateur qu'ils avaient noué dans des foulards, ils devinaient avec anxiété le sort réservé à la jeune fugitive .Ils retournèrent en aviser le père.

Celui – ci mobilisa des guerriers choisis et munis d'épées aiguisées. Ils trouvèrent

Choumissa assoupie sur les bords fleuris de la Source Ain –El Menzeh, « la source de la distraction ».Elle devisait gentiment avec Banedou.

Sous les ombrages, le cheval d'Abdallah piaffait d'impatience. En un rien de temps, le coursier monté de nos deux héros prit comme un éclair la direction de l'Orient.

Un combat épique et meurtrier se livra alors sur le lieu de rencontre des deux troupes ennemies.

Aujourd'hui, le voyageur pourra contempler encore avec plaisir la source Ain –El – Menzeh entre Saf Saf et Ouzidan. Dans les alentours et à l'ombre des bouleaux, quelques vieilles ruines dénommées « Redjel Sef - Sif » abritent les corps des héros morts en combattant pour les beaux yeux de Choa – Ech – Chems , « le Rayon du Soleil ».

Abdallah, fidèle à la mission confiée par son oncle, joua loyalement son rôle. Il remit à Okba, Choumissa munie de ses charmes et de sa vertu intacte. Mais la belle déçue, mise en présence de l'être ridé et bossu qui lui était destiné, manifesta sa rancœur et son mépris.

Les prières et les invocations du vieillard firent enfin battre son cœur et le miracle du rajeunissement s'accomplit. L'amour encore une fois avait triomphé.

Djilali FARDEHEB

La vieille qui causé la ruine d'Agadir[5]

[5] Cf. Bulletin « Les amis du Vieux Tlemcen , 1956, pp 174-7

A l'avènement des Beni Abd-el- Ouâd , l'histoire d'Agadir et l'histoire de Tlemcen , jusqu'ici avaient étaient séparées , se confondent.

« Le quartier d'Agadir , dit l'Abbé Bargès, était très peuplé au XIV° siècle , mais les guerres presque continuelles que les rois de Tlemcen eurent à soutenir contre les princes des Etats voisins ayant considérablement affaibli la population de cette ville , les Tlemceniens qui se trouvaient trop au large dans la vaste enceinte d'Agadir, abandonnèrent un peu près ce quartier. Sous la domination des Turcs qui succédèrent aux Beni –Zeyân , la plupart des habitants se retirèrent à Fès et dans le Maroc, Agadir désolé se vit transformer en une triste solitude. Les matériaux des anciens bâtiments servirent à la construction des nouvelles habitations ; les juifs enlevèrent les pierres taillées pour leur cimetière. Il ne reste debout que le minaret de la mosquée et une partie des remparts. »

La légende qui va suivre se rattache à cette époque. Elle explique la mort de ce qui fut Agadir, le berceau de Tlemcen. Cette légende , très vivante encore dans la mémoire des habitants, veut que le sac et la ruine de la vieille cité aient été la conséquence de l'œuvre diabolique d'une sorcière édentée, « el adjouz elli khlat Agadir », « la vieille qui a causé la ruine d'Agadir ».

Les mêmes termes injurieux s'emploient aujourd'hui encore pour désigner une commère dangereuse, à qui il faut témoigner la plus extrême méfiance.

La jeune femme d'un Cadi était allée un jour au bain maure. Elle se trouvait enceinte pour la première fois et la nature l'avait affligée depuis quelques jours de cette aberration des sens et de l'esprit que les femmes appellent « envies ». Envies inéluctables de manger un fruit rare ou hors saison, envie de goûter à un met ou à une sauce apprêtés par un autre, alors que le même mets préparé par elle – même ne pouvait que lui donner la nausée. Près d'elle, assise derrière un banquet fumant , une Mauresque se délectait de quelques olives noires qu'elle tenait dans le creux d'une galette de froment éclatante de blancheur.

Aussitôt, humant le parfum, notre jeune épouse braque un regard attendrissant sur sa voisine ; Elle pouvait bien goûter à quelques- unes de ces olives appétissantes. Elle n'avait qu'à en demander pour être exaucée. La satisfaction donnée au vœu exprimé par une femme enceinte ne trouve- t- elle pas sa récompense dans les jardins fleuris d'Allah ? Seulement, une femme de rang élevé ne tend jamais une main demanderesse à une roturière inconnue. Aussi, la femme du Cadi sut –elle dominer son ardente convoitise jusqu'à son retour à la maison.

Le soir, le mari rentra. La prière ayant été annoncée du haut de la tour, il accomplit ses dévotions, puis s'étendit de tout son long sur le sopha moelleux. La jeune femme s'affaira autour de son maître et seigneur. Elle est allée au bain durant l'après-midi ; elle en est revenue toute rose et toute fraîche dans ses robes légères ; un parfum tenu, le musc subtil, s'exhale de sa blanche poitrine.

Son mari la contemple amoureusement. Elle, essayant d'intercepter ses regards, pose devant lui la maïda , ou table de famille , sur laquelle elle a placé une galette à tremper dans le miel et le beurre. Ayant poussé la cruche d'eau fraîche à côté, la jeune épouse laisse échapper un « ouf ! » de désir et de lassitude. « Allah, s'exclame- t- elle, qu'il est délicieux de considérer le noir sur le blanc. ! »

Le mari relève aussitôt la tête, intrigué, et dirige sur les yeux de sa compagne un regard farouche. « Oui , répète - t- elle sans désemparer , quelle merveille que la contemplation du noir couché sur la blancheur ! »

Elle faisait allusion aux olives couchées sur le petit pain blanc, qu'elle avait contemplées au bain maure. Mais le mari, qui ne s'expliquait par l'attitude de sa femme, interpréta différemment ces exclamations accompagnées de soupirs. Il s'estima trahi. Désemparé, il sortit de la chambre et alla quérir le vieux nègre attaché à la maison. Il obligea sa femme à le porter ligoté sur son dos. « Voilà le noir sur le blanc dont tu rêvais ! » vocifère- t – il, au paroxysme de la colère. Le supplice dura ainsi plusieurs jours.

Un beau matin, une vieille femme, el adjouz settout , vint frapper à la maison en l'absence du Cadi, qui était retenu à la Mahakma par les devoirs de sa charge. L'épouse suspectée lui fit part de son fortune et de jalousie féroce de son mari.

« *En effet, dit la visiteuse, j'ai appris moi – même que ton mari cherche à se remarier et qu'il ne va pas tarder à t'amener une rivale sous ton propre toit. Cependant, si tu voulais bien m'écouter, je pourrais t'apporter le concours de mon savoir et de mon dévouement, car je possède le pouvoir magique de tempérer les ardeurs et de modifier la résolution des maris qui veulent trahir leurs épouses. Ce soir, quand ton mari se mettra au lit et fermera parfaitement les paupières, tu te muniras de son rasoir et, doucement, avec toutes les précautions possibles, tu couperas sous son menton deux ou trois poils de sa barbe. Tu me les remettras demain et je m'en servirai pour te faire un filtre dont je t'indiquerai ensuite l'emploi. Jamais désir de se remarier ne viendra hanter son esprit, et sa jalousie sera à jamais dissipée.* »

La jeune femme tressauta de joie et combla la vieille de présents.

A peine avait – on achevé cet entretien qu'on entendit le lourd marteau de fer cogner la porte de la maison. C'était le maître. L'angoisse s'empara des deux femmes. Dans sa précipitation à s'enfuir, la vieille, en prenant une sortie opposée, oublia ses babouches au seuil de la chambre. On ouvrit. Le Cadi entra. Sa première attention se porta sur les babouches. Son épouse blême tremblait dans un coin. « Je comprends maintenant ! cria l'homme. Une entremetteuse ignoble était là, à l'instant .Je vois ces chaussures de vieilles sorcières qui passent leur existence à répandre dans les familles le fiel amer que distille Satan. Eh bien, je réglerai ton sort avant peu ! »

L'épouse eut beau se disculper, rien n'y fit. Ce jour-là, le Cadi retourna soucieux à son travail, cherchant dans l'ombre de son prétoire les moyens d'une vengeance que la jalousie rendait plus âpre.

Le soir même, avant la prière, la vieille, décidée à réaliser son plan diabolique, alla à la Mahakma, se présenta à l'homme et l'entretint comme suit : « Ta femme te trahit ô cheikh el Cadi, docte dépositaire de la loi immuable d'Allah !

Un vague pressentiment me dicta le devoir d'aller ce matin rôder autour de ton auguste demeure. Que Dieu en fasse un habous dont bénéficiera seule ta noble postérité ! Je remarquai alors quelques anomalies dans l'attention des passants et mon inquiétude se trouva justifiée. Ta femme ouvrit la porte et, surprise de me voir immobile dans la rue , me fit signe d'approcher , me fit des confidences et m'offrit ces babouches que je porte aux pieds. »

En effet, le Cadi reconnut les chaussures qu'il avait rencontrées le matin sur le seuil de sa chambre. La femme sorcière continua : « *Ton épouse me fit part de ses chagrins. Elle est décidée à te trancher la gorge, un soir, quand tu seras complètement plongé dans le sommeil. Sois donc sur tes gardes, ô cheikh el cadi. Que Dieu confonde tes ennemis et t'apporte la baraka pour le restant de tes jours.* » Le Cadi émerveillé par tant de précisions, récompensa la femme et se mit en devoir de ne pas laisser sommeiller sa vigilance.

La nuit vint. Il soupa comme d'habitude. Ni son regard ni son attitude ne laissaient soupçonner la tempête qui bouillait sous son crâne. Dans la nuit noire, alors que, couvert de plusieurs épaisseurs de bourabas , il faisait semblant de ronfler, il sentit une main délicate lui frôler la barbe, tel l'effleurement d'un papillon.

D'un geste rapide, il saisit si puissamment la main au poignet que le couteau tomba sur le sol.. Il alluma le Kendil et il aperçut sa femme plus morte que vive. Sa colère ne contint plus. Perdant tout contrôle de lui-même, il ne voulut même pas écouter les explications que son épouse essayait de prodiguer pour le convaincre qu'elle ne voulait point sa mort. Au comble de l'exaspération, il saisit sa femme par les cheveux et lui trancha la tête.

Le domestique noir, accouru au bruit, se mit à pousser des lamentations. Devant les hululements lugubres, et craignant le scandale, le meurtrier trancha à son noir l'organe de la parole. C'était une heure avant l'aube. Hurlant de douleur et de désespoir, notre nègre s'en alla prévenir les parents de la malheureuse décapitée, qui résidaient à El Eubbad es Sefli sur la route de Sidi Boumedine. Il sauta les talus et l'oued Metchkana pour aller plus vite. Le voilà enfin à destination. Une lueur à peine claire mettait en relief le massif sombre qui précède les gorges des Cascades.

La bouche ensanglantée du noir s'ouvrait dans la fraîcheur du matin pour bégayer de porte en porte et alerter les habitants. Dans l'impossibilité où il était de s'expliquer, il appliquait sur la blancheur des murs l'empreinte de sa main teinte de sang et désignait d'un doigt vengeur la ville d'Agadir, qui allait soulever l'indignation et appeler le châtiment.

C'était l'heure où le muezzin de Sidi Boumédine, du haut de son minaret, devait par sa voix puissante réveiller les fidèles et les appeler à se réunir. Quand les gens ouvrirent leurs portes et aperçurent le nègre accusateur, ils se concertèrent en un instant et l'on entendit plus qu'un cri , un cri violent de guerre et de vengeance , que l'écho de la montagne ramenait par dessus leurs têtes jusqu'aux murailles d'Agadir.

La vague d'Es-Shab el Eubbad descendit en vociférant. Les vengeurs, armés jusqu'aux dents, se précipitèrent sur la vieille ville en éveil pour infliger au Cadi meurtrier et à ses partisans le châtiment mérité. Rien ne fut épargné. Ce fut un carnage épouvantable. Les maisons furent mises à sac. Le fer et le feu achevèrent ce qui subsistait des anciennes demeures. Ceux des habitants qui n'avait pas été égorgés allèrent se fixer sur le plateau de Tagraret, près de Bab - el – Djiad (la porte des nobles) et de Herts – er – Rma (la place des archers).

El Eubbad Es – Sfli ne fut non plus épargné. Il subit la vengeance des gens d'Agadir qui étaient devenus Tlemceniens.

Pendant longtemps, l'événement défraya la chronique de la région. On en parla dans les cafés maures, dans les bains, chez les caravaniers. Le souvenir de la vieille menteuse n'a pas disparu. Cependant, nombreux sont les habitants qui confondent les rôles joués par les principaux acteurs du drame, et qui emploient indistinctement tantôt l'une, tantôt l'autre des expressions : la vieille – ou le nègre , ou la négresse – qui a causé la ruine d'Agadir.

FARDEHEB Djilali

L’Oued Khemis, le pays des Beni Snous et les Azaïls

Cette région, située aux confins sud – ouest de l'arrondissement de Tlemcen et du Maroc, devrait attirer le voyageur par sa position géographique privilégiée, par la constitution géologique de son sol et par la douceur de son climat.

C'est un pays montagneux, de 450 kilomètres carrés, bien boisé et pittoresque, qui offre des excursions intéressantes .Il est habité par la tribu des Beni Snous. Il s'étend entre Marnia et Sebdou, entre le massif du Tenouchfi et la haute Tafna.

L'oued Khemis, premier affluent important de cette rivière, a un débit presque équivalent à celui de la Tafna. Descendant impétueusement à travers la forêt vers des gorges profondes, l'oued Khemis découvre à la vue un paysage saisissant par sa beauté sauvage et la majesté de ses falaises que le couchant teinte de ses pourpres violacées. Il traverse les monts du Khemis en diagonale S.O-N.E, selon l'orientation générale du relief des monts de Tlemcen.

Les affluents supérieurs sont :

- l'Oued Tafrent – Ouled Belkacem, venu du revers oriental de Ras el Asfour, (Beni Bou Said),

- l'Oued Sidi - Bel -Abbes – Mazzer,

- l'Oued Tadert – Chadli , venu du flanc septentrional du Tenouchfi. Tous ces cours d'eau sont abondants et réguliers. Ils assurent aux Khemis un débit assez important pour alimenter le barrage des Beni Bahdel.

La pente de l'Oued Khemis supérieur est forte et peu régulière, avec des rapides et même quelques cascades comme Beni Achir. Ses eaux froides et calcaires déposent des travertins. Mazzer est un véritable nid d'aigle, perché sur la rive droite. A l'aval, commence le canon du Khemis, creusé dans les calcaires dolomitiques qui dressent des falaises à pic de 200 m. La végétation y est luxuriante. On y admire des grottes profondes comme celle de Sidi Othmane et la « Grotte Noire » , explorée par M.Dollfus.

Après des vallées en V et en U, à méandres harmonieux, des replats accidentent la rive gauche du Kef Guesba à Lalla Sâadiya, près de Djebel Tachelat.

Plus bas , on retrouve les villages Dahar Ayed , Beni Achir et le Khemis, centre important où réside le Caïd , bâti sur une terrasse qui domine les Bni Hamou. Le lit est verdoyant. Bordé de jardins et des vergers en terrasses superposées, ce chef –lieu de montagne même une vie tranquille et archaïque. On se plaît à contempler les lavandières indigènes dans leurs préoccupations inchangées depuis les âges bibliques.

Le village est pittoresque, avec ses ruelles qui débouchent brusquement dans les jardins et ses maisons désuètes que ravive de temps à autre la blancheur éclatante de la chaux. La mosquée, dominée par un vieux minaret, donne au site un caractère de quiétude et de repos. Dans les maisons, les femmes berbères tissent les nattes d'alfa et de laine dont on admire le décore dans nos mosquées de Tlemcen.

Il reste encore quelques potiers et quelques tourneurs de plats en bois dont les instruments archaïques, assez ingénieux, forcent le sourire du visiteur. La beauté sauvage du pays, l'aménité des habitants perdus loin des villages, cachés parmi les rochers, font que nul ne saurait regretter une excursion dans ces régions encore inconnues du grand public.

L'Oued Khemis quitte le village du même nom pour atteindre la Tafna (dans le vaste bassin des Azaïl). Toute cette région est dominée par des monts à l'attitude relativement considérable, facilitant les précipitations atmosphériques. La disposition des roches contribue encore plus largement à donner à ce pays son cachet particulier : les terrains sont , en effet, souvent formés de calcaires fissurés reposant sur des grès poreux , eux – même assis sur des argiles et des marnes.

Or, nulle disposition des couches géologiques n'est plus favorable à la formation des sources intarissables. Les eaux des pluies, canalisées par la pente montagneuse, pénètrent à travers les calcaires fissurés et les dolomies de la surface, s'infiltrent lentement dans les grès poreux où elles s'accumulent, arrêtées par les argiles et les marnes, dont elles suivent la pente avant de former ces belles sources que même les longs mois de la sécheresse d'été ne parviennent pas à tarir.

Si jamais, se frayant un passage capricieux entre les plissements de la nature, elles rencontrent un obstacle qui veuille leur barrer la route, elles le franchissent en s'aventurant à travers d'étroites gorges dans lesquelles elles forment, de palier en palier, des cascades successives jusqu'à la plaine inférieure.

Le touriste qui fera l'excursion des Beni Snous, pour admirer la vallée sauvage de la haute Tafna, pourra jouir des spectacles curieux de crêtes, kefs, corniches, vallées en V aigu, gorges, canons, avens, grottes, pertes de rivières, résurgences, rappelant les Causses.

D'après les aspects de cette vaste plate- forme de Khémis , on peut distinguer le plateau du Mizab (gouttière) , le plateau de Milane, le plateau de l'oued Sidi Bel Abbes et le plateau de Ras el Asfour qui domine au loin Oujda. Couverts principalement de forêts de chênes – verts et de chênes- lièges, de Thuyas gigantesques, de grands térébinthes, de genévriers, oxycédres , d'oliviers sauvages, de lentisques, ces massifs connaissent encore, dans le sous – bois, le genêt épineux (souvent appelé ajonc), le baguenaudier , le thym, l'armoise (chih), le diss et l'alfa.

L'oued Khémis rencontre la Tafna face à des falaises de 80 m. de hauteur et d'aspect ruiniforme. Dans leur flanc, des grottes, qu'abritent à peines des cactus aériens, servent de résidence à une population misérable qui commence à quitter les lieux : c'est le village berbère des Beni Bahdel. La vie y est précaire et pleine de dangers. N'avons- nous pas vu des mamans prudentes, quand il leur fallait descendre pour remplir leur jarre d'eau au lit de la rivière, lier leur gamins aux rochers de la grotte par crainte d'un accident possible ?

On arrive enfin à une gorge dans laquelle la Tafna, arrêtée par le barrage des Beni Bahdel, déversera son excédent pour continuer son cours par la vallée du Kef et de Sidi Medjahed, vers la plaine de Marnia et de Remchi.

Au sud et à l'est de cette région s'étend le douar des Azaïl qui est administré par la Commune Mixte de Sebdou. Sa superficie est de 19.558 hectares. La population, ethniquement berbère, vit dans des grosses agglomérations : Beni Bahdel, Tafessera, Tleta, Zahra, dont la construction et le style sont typiquement berbères.

Le dernier recensement compte une population de 4.367 habitants , dont 63 européens. Tafessera est une vieille ville qu'à visitée et décrite au Moyen – âge Léon l'Africain. Tleta et Zahra sont deux nids de verdure, très agréables à visiter. Ces villages possèdent chacun une périphérie irriguée et sont en outre entourés par une ceinture de vergers à sec (oliviers).

Ce douar bénéficie d'une expérience de paysannat qui a pour but de transformer les cultures arboricoles très défectueuses en vergers modernes de rapport très lucratif, par la modernisation des méthodes de culture de l'arbre fruitier, notamment du pêcher.

Toutes ces régions gagneraient à être bien connues. Les trésors miniers qu'elles recèlent, la végétation exubérante qui couvre leur sol saturé d'eau, la grâce de leurs torrents cascadant, la majesté de leurs falaises sur lesquelles planent les aigles, l'affabilité des habitants paisibles, tout cela désigne une contrée riche de promesses.

FARDEHEB Djilali,
Instituteur à Tlemcen

Excursions
Aux Azaïls et aux Beni Snous
Dimanche 21 mai 1950

Le car Calatayud démarre à sept heures du matin. La journée est belle , les excursionnistes nombreux sont enthousiastes. Il y a MM.Janier, Bellissant et Fardeheb , spécialiste de la région à visiter ; Mmes et Mlles André, Krick, Née, Bizet, Hérodote ; MM. Josselin, Urban, Martin, Monchamp, Benedetti, Radoux, Jelenc et combien d'autres personnes. La plupart sont des enseignants qui ont l'honneur de compter parmi eux un professeur de marque venu d'Alger, M. Emerit, historien de l'Algérie contemporaine.

On prend la route du Maroc, pour bifurquer à gauche vers le village de Mansoura. Plus haut, parmi les cerisiers chargés, la lourde voiture, nerveuse, monte, offrant aux voyageurs un panorama aussi grandiose que réjouissant.

On passe auprès du curieux site des Beni Bou Blane , dont les habitants ont pour demeure des grottes sur lesquelles est situé un cimetière. Le patron du village est Si Hammou ou Moussa dont le mausolée éclatant de blancheur domine le petit plateau.

Bientôt on arrive à la source du Zarifet (1.200 mètres) qui marque la bifurcation entre la route de Sebdou et la piste des Beni Snous, où l'on s'engage parmi des collines couvertes de diss et d'alfa.

Après une dizaine de kilomètres , on pénètre dans la forêt d'Hafir , magnifique forêt de chênes – lièges et de chênes – verts régulièrement exploitée, qui consiste un jour fort agréable pour plusieurs colonies de vacances. Elle recèle un gibier important. On y trouve le sanglier et, il y a quelques années, on y a abattu une panthère.

Nous voici à El Aguiba. Un arrêt. C'est un promontoire surplombant la large vallée d'El Hanech , riche de céréales et d'oliviers. En face, vers le sud, la chaîne jurassique des Monts de Tlemcen se prolonge dans une teinte violacée jusqu'aux confins marocains, laissant apparaître de part et d'autre des falaises ressemblant à des proues de navires que les indigènes appellent Korn-Zahra, Korn-Tamerskhert, Ras –el – Asfour…

Constituée de grès et de calcaires fortement bouleversés, cette région présente des sommets élevés , tels que le Djebel Tenouchfi (1.843 m.) et le Djebel Terricht (1.502 m.) Elle est parcourue par des vallées profondes, tributaire de la haute Tafna. Les aspects sont sauvages et pittoresques. Le coup d'œil est impressionnant. C'est là que vit la tribu des Beni Hdiyel .

Nous dévalons ensuite vers le pont de la Tafna (36 km de Tlemcen) auprès duquel, dans un bosquet enchanteur, un vieux moulin recouvert de lierre se mire dans l'eau glauque d'un petit lac tranquille. Nous sommes en plein pays des Azaïls qui dépendent administrativement de la C.M. de Sebdou. Quatre villages séparés par des collines rocailleuses vivent leur vie ancestrale que seule la présence de l'Ecole française rattache au monde civilisé.

Le long d'un chemin caillouteux et malaisé , le car pénètre dans Tafessera, la cité peut –être la plus ancienne ,capitale du roi berbère Cherwan , disent les vieux habitants , frère de Malik El Djidar d'Agadir (Tlemcen) et de Lablack le chauve d'Oujda.

Au XVI° siècle, le voyageur Léon l'Africain l'avait décrite dans ses mémoires comme ville entourée de remparts à l'abri desquels florissait un monde d'artisans habiles et de commerçants opulents. Une vaste nécropole et des Koubbas attestent son importance passée. Nous sommes d'ailleurs accueillis dans les ruelles par une population remuante qui profite de l'occasion pour nous vendre de jolis objets en alfa tressé ou en laines teintes de couleurs naturelles : corbeilles, tebegs, paniers à fruits, etc…

Nous visitons aussi la blanche mosquée berbère au style archaïque sous laquelle coule une source étincelante à la sortie, comme « l'épée tirée du fourreau. »

Quittant Tafessera, nous revenons sur nos pas pour pénétrer dans le village de Tleta (El Meghanîn pour les habitants). Aucun alignement. Les maisons en pierre sèche parsèment les rochers qu'il faut grimper. Une vieille mosquée, qui porte le nom de Sidi Ali Maghnin , un saint mystique, abrita comme étudiant, au début de l'occupation, l'agha Ben Abdellah , le premier serviteur de la France dans la région, dont l'assassinat à Tlemcen par le Capitaine Doineau (1856) donna lieu à un procès célèbre. Ce fut d'ailleurs l'une des causes de la fin du régime des bureaux arabes.

Sur la colline Koudiet – Er Roum, un cercle en pierres marque, comme une couronne, l'emplacement d'un poste fortifié romain, disent les habitants. Au flanc Est , entourée d'un vieux cimetière, se dresse une maison cubique et délabrée, regardant plus bas le village et sa mosquée. Elle reçoit chaque matin les premiers rayons de l'aurore. C'est l'ancienne école du village. Elle servait autrefois d'écurie au Caïd Khabichat ; il l'a prêta à l'administration, puis, pour éviter la prescription trentenaire, la loua 1 franc par an pour l'usage de l'Enseignement.

Et c'est avec une douce émotion que l'auteur de ces lignes évoque ses débuts dans la carrière d'instituteur à Tleta (1920-21) lorsqu'il avait cette masure comme école et logement, entendant le soir l'hyène et le chacal renifler à sa porte. Mais la vie est belle quand on a vingt ans , lorsqu'on sait bien organiser ses loisirs après avoir achevé « le plus beau des métiers. »

Tleta a toujours abrité une colonie de juifs que l'on distingue péniblement des Berbères. Portant encore les vêtements indigènes, parlant arabe, ils vivent de leurs petits négoces de marchand d'œufs, de leur métier de savetiers ou de fabricants de bats pour bourricots. Très croyants, ils célèbrent ensemble le Sabbat dans la maison de l'un d'eux.

A 300 m. vers l'Ouest, se cache le riant village de Zahra (la fleurie) parmi les vergers aux riches frondaisons. Le long du ruisseau Ain Madra , s'érige le petit Palais des Khobichat, apparentés aux Benabdellah. L'Agha Zoubir , toujours généreux et hospitalier, invite tout le monde à accepter une diffa. Mais le temps est limité et les voyageurs s'abreuvent seulement d'une bonne rasade d'anisette coupée d'une eau fraîche et exquise.

Nous voilà revenus au car et, quittant la région des Azaïls, c'est à 10 km plus loin que nous pénétrons au village du Khemis , le véritable chef - lieu des Beni Snous , qui dépendent administrativement de Marnia. (Voir la carte , page 72).

Encaissé entre deux montagnes rocheuses, il laisse couler près de lui un torrent impétueux, l'Oued Khemis , qui, parmi des jardins ravissants, ira rejoindre la Tafna au barrage des Beni Bahdel.

Le car est abandonné à l'entrée du village. Les ruelles sont étroites et la population étonnée sort comme d'une fourmilière dérangée.

Il est midi passé et l'estomac se creuse. Mais un relent de grillade perce à travers les haies, et les visiteurs déjà se réjouissent. Notre concitoyen M.Khelladi , instituteur , le Caïd Ali Khobichat et son khodja Si Maakel viennent nous accueillir et nous inviter au repas.

Et c'est sur une herbe tendre, recouverte par endroits des tapis du pays, que nous nous essayons. Autour de petites tables arabes (maïda), chacun installe son couvert. On contemple avec curiosité les moutons empalés qui rôtissent sur la braise. Tenus chacun aux extrémités d'un gros bâton par deux arabes, les méchouis mijotent, ruisselant de beurre et de graisse.

Le tableau est curieux et bien couleur locale. Aussi , les kodaks et la caméra de M.Urban font ils ample moisson de souvenirs.

On set aussitôt les brochettes de foie « melfouf ». La chorba de vermicelle bien assaisonnée est aussi un régal. Puis, le méchoui est servi et c'est vraiment un repas biblique auquel nous sommes conviés, car on mord à pleines dents dans les côtelettes croustillantes.

Est – ce là le plat de résistance ? Que non, car un magnifique couscous beurré et sucré, arrosé de petit lait rafraîchissant, vient compléter ce festin dû à la grande hospitalité de nos amis du Khemis, tout heureux de recevoir dans leur fief les « Amis du Vieux Tlemcen ».

Après un thé à la menthe fort apprécié, on quitte ce lieu paradisiaque pour entrer au village. On frôle le vieux marabout de Sidi Salah, qu'ombrage un puissant arbre de fer aux ramures torturées par les siècles. Autour de la place où se trouve une fontaine- abreuvoir, convergent des ruelles tortueuses. Les maisons en pierre sont basses et rarement crépies. Les Mauresques curieuses, du haut de leurs terrasses, regardent les étrangers. Elles ont de beaux traits et sourient pudiquement. En face de l'école au style banal, s'érige la mosquée.

Nous pénétrons à l'intérieur du minaret et de la haute plate- forme, nous dominons le village où la symétrie est méconnue. Au loin, sur les hauteurs, nous distinguons le village des Ouled Moussa.

Le charmant Caïd Ali , jeune et affable , nous mène vers les artisans : tourneurs Sur bois aux curieux instruments rudimentaires, potiers enfoncés dans leurs grottes , vanniers et tisseurs de nattes en alfa , célèbres dans le département. Ils se plaignent tous de la dureté de la vie et de la mévente de leurs produits.

Le soleil décline derrière les hautes falaises et l'ombre s'étend sur le village, amenant les frissons du soir. C'est les adieux et les remerciements. Tout le monde s'engouffre dans le car. Pour le retour, nous ne passons pas par El Aguiba. Nous prenons la route tortueuse qui mène à Sebdou. Entre les falaises et l'abîme, le chauffeur a du mal à manœuvrer. Les petits ponts sont nombreux et étroits. Mais nous avons un conducteur chevronné et nous nous fions à lui.

Nous admirons le long du parcours la chaîne violette des « Douze Apôtres » qui protège des souterrains chers aux spéléologues.

Nous voilà enfin engagé sue la grande route. Après une petite halte à Sebdou , c'est enfin le retour à la nuit tombante, fonçant dans un brouillard opaque sur les hauteurs de Terni. L'arrivée a eu lieu sur la Place de la Mairie à Tlemcen. Les gens sont harassés, mais inassouvis.

Ils ont passé une journée que l'on peut dire magnifique. Ceci est un encouragement pour l'avenir. La région de Tlemcen restera toujours une mine inépuisable de recherches et de découvertes.

Djilali FARDEHEB

Voyage des « Amis du Vieux Tlemcen » au Maroc et en Espagne Pâques 1951

C'est un bien beau voyage qu'entreprirent les « Amis du Vieux Tlemcen » pendant les dernières vacances de Pâques. Il aurait cependant gagné à se prolonger de quelques jours, mais hélas, le temps était mesuré , car les touristes étaient en majeure partie des membres de l'enseignement et la rentrée des classes ne permettent aucune prolongation.

Dirigée par Monsieur FARDEHEB , membre du comité de la Société , la caravane prend , en chemin de fer , la direction du Maroc. Une halte à Meknès nous permet de nous reposer et de contempler les splendeurs de la vieille capitale de Moulay Ismaël, contemporain de Louis XIV avec lequel il entreprenait des relations amicales. Le fameux monarque musulman avait tenu à rivaliser avec le grand roi chrétien en réalisations grandioses. Il est incontestable que, empêché d'acheter son « Versailles Marocain », il y laissa cependant les traces d'une civilisation brillante et le royaume qu'il dirigea pendant 55 ans était florissant et policé.

Par Petitjean , les visiteurs continuent Sur Tanger.

La ville, merveilleusement située sur les pentes d'une montagne, domine le détroit de Gibraltar.

Son amphithéâtre de maisons blanches d'où émergent de sveltes minarets aux faïences polychromes , sa kasba aux vieilles murailles, sa Mendoubiya aux arbres séculaires qui recèle une batterie de vieux canons braqués sur la mer, ses immeubles modernes abritant les fameux « soccos » où grouille une foule bariolée et trépidante de marchands affairistes parmi un mélange curieux de vieux fiacres et de taxis du style dernier cri , ses frais jardins que caresse la brise , ses bazars et ses boutiques d'artisans….

Et, de pâtissiers , sa population indigène aux costumes traditionnels en font une des villes les plus pittoresques et les plus sympathiques de l'Occident maghrébin.

Nous ne pouvons passer sous silence la chaude réception qui nous fit faite par l'Amicale des Algériens fonctionnaires au Maroc qui, à l'occasion de son congrès annuel, tint ses assises à Tanger.

Dans la splendide demeure de Si Tayeb Berber , nous fûmes accueillis par les organisateurs Si El Hadj Hammadi , Si Youb Seladji et tant d'autres compatriotes pour participer à un banquet qui réunit plus de 150 convives.

Nous eûmes l'heur d'écouter, à la fin du repas, une conférence sur Goethe et le mysticisme musulman, donnée par notre ex élève et concitoyen tlemcenien , M. Benachenhou Abdelhamid , élu président de l'Amicale et actuellement interprète aux Affaires Cherifiennes de Rabat.

La vie est attachante à Tanger. On voudrait se prélasser sur les rochers fleuris du Cap Spartel situé à 12 km. A l'ouest de la cité , près des Grottes d'Hercule où d'après la légende , séjourna le fameux héros antique.

En face, la brume estompe à peine le rivage européen. Une traversée de 2 heures dans un petit navire espagnol nous y conduit. La mer est fort agitée et les passagers sont quelque peu incommodés. Nous pensons à la flotte du général Tarik et à l'inquiétude de ses troupes devant un ennemi décidé.

Laissant à droite le rocher hautain de Gibraltar, notre bateau pénètre dans la belle rade d'Algésiras. Là, aussitôt débarqués, nous écoutons avec plaisir une guitare andalouse cachée dans un coin de café populaire.

Le ciel est bleu pur et le soleil intense éclabousse les quais et les places où s'affaire une population remuante.

Mais ce n'est pas encore là que nous voulons nous arrêter. Après un bon repas où nous faisons honneur aux rougets frits et aux superbes oranges d'Espagne, nous nous engouffrons dans un autorail pour filer sur Séville.

A travers une campagne que le printemps a parée de ses riches frondaisons, nous contournons les monts que recouvrent à perte de vue les oliviers argentés, traversant les torrents dont les diamants chatoient parmi les souches et les lianes, découvrant à tout moment les blancs villages d'où émergent des clochers.

A la tombée de la nuit, nous pénétrons dans Séville. Ah ! Séville, ce nom murmure dans les oreilles tlemceniennes comme le jet d'eau cristallin sur la vasque de marbre. Il chante comme l'appel du muezzin de chez nous quand le soleil flamboyant se meurt peu à peu derrière le massif mauve du Fellaoucen !

Sidi Boumedine , le grand patron de notre cité , Sidi –el – Haloui qui dort sous le caroubier séculaire face à la splendide mosquée qui porte son nom , ne sont –ils pas d'autres saints et d'autres savants musulmans venus de là- bas reposent à Tlemcen au milieu de la vénération populaire.

Nous visitons l'immense cathédrale au coin de laquelle la Giralda élance sa grâce et son harmonie à 94 mètres de hauteur, trouvant bien haut l'azur , où les martinets en jacassant lui font des ondes d'honneur.

Minaret splendide d'une mosquée aujourd'hui disparue ; de son campanile , l'œil embrasse la capitale imposante de l'Andalousie.

On se plaît à fixer son regard sur ses vieux quartiers maures aux ruelles tortueuses , sur ses places modernes dallées de marbre où s'érigent les statues équestres des Conquistadores , sur ses fraîches maisons où les patios ombragés de citronniers abritent l'éternel vasque ciselée , sur le fameux palais de l'Alcazar aux 78 appartements, avec ses fines colonnes et ses arcades festonnées qui en accentuent l'enchantement, enfin sur le Guadalquivir qui, paresseusement , coule ses eaux bleues où se mirent les barques…. « Qui n'a vu Seville , n'a vu de merveille », disait-on autrefois. Ce cri d'admiration continue à trouver son écho, et c'est avec regret que nous prenons le train pour atteindre Cordoue.

Là, nous visitons l'admirable mosquée, la Mesquita, dont l'impressionnante forêt de colonnes et les arcs polylobés rappellent notre Djemâa –el- Kébir de Tlemcen. Nous restons conquis par la forme et le décor des chapiteaux, la finesse des arcatures, les coupoles où s'entrecroisent les nervures qui enserrent des jours en verres coloriés, la perspective des nefs et des travées, la splendeur du Mihrab aux mille détails fantaisistes, les versets du Coran qui ondulent en arabesques subtiles le long de frises infinies. Le grandiose monument sous lequel méditèrent Abderahmane 1er et l'illustre Averrhoës est aujourd'hui transformé en cathédrale.

Continuons notre route pour visiter la troisième perle andalouse. Il s'agit de Grenade, Grenade ville d'art et de beauté dont le nom est inséparable de la triste épopée des Abencérages. Bâtie au pied de la Sierra Nevada sur deux collines que sépare le Dourro , c'est une ville qui rappelle bien des sites de notre perle du Maghreb. Une visite à la Cathédrale nous permet de contempler une collection rare de reliques, costumes et étendards du Moyen Age , statues et peintures religieuses, bustes émouvants du Christ et , mater dolorosa dans une niche éclatante de lumières, la Vierge de Fatima. Au milieu de la grande salle, taillée dans un marbre pur, s'allongent les gisants de Ferdinand d'Aragon et d'Isabelle de Castille, de Philippe le Beau et de Juana la Loca (Jeanne la Folle, mère de Charles Quint).

Sous les tombeaux célèbres, un caveau à peine éclairé recèle les cercueils authentiques des célèbres rois de la Reconquête. On croyait voir, dans la pénombre, le fantôme sinistre de l'Inquisiteur Ximenès , soufflant encore à la Reine les noirs desseins qu'il couvait au nom de la Foi contre les Musulmans et les juifs.

Mais montons vers l'Alhambra, le fameux palais qui est voisin du Généralife . Il faudrait trois jours, nous dit un guide, pour visiter attentivement ces deux merveilles de goût et de splendeur. Nous passerons ici sur les détails. Comme sur une parure de diamants, nous n'en conserverons que l'émotion due à l'éblouissement de l'ensemble.

Faut – il s'arrêter à la cour des Lions qu'entourent 128 colonnes ? A la salle des Ambassadeurs dont la coupole immense revêtue de stalactites finement peintes ravit l'esprit ? A la salle de Las Hermanas (les deux jumelles) ? A l'appartement de Las Munecas (les poupées) ? Au bain des monarques ?

A la piscine qu'encadrent des rangées de myrte et où se baignaient trois cent favorites sous le regard du seigneur avachi Sur son divan ?Sur les décors en stuc ?

Parmi les rinceaux de fleurs et les couleurs, des invocations se poursuivent en frises interminables « Dieu seul est victorieux », « La royauté seule appartient à Dieu », « L'Eternité est à Dieu Seul ».Comme si ces gens affinés , à l'apogée de leur bonheur , présentaient la fragilité de leurs conceptions et la vanité de leurs espoirs .

Nous quittons à regret cette vision grandiose en pensant aux larmes de Boabdil exilé et , saluant la majesté de la Sierra Nevada dont les neiges éclatantes se confondent avec les nuées, nous prenons le car qui nous conduit vers le port de Malaga.

La route traverse une campagne édénique ; mais, à l'approche de la mer, elle serpente éperdument sur quelques kilomètres dans une descente impressionnante. Nous voici enfin dans la jolie ville méditerranéenne célèbre par son Alcazaba, sa cathédrale (dite « La Manchette » à cause d'une tour incomplète sur deux et surtout par la beauté de ses filles aux prunelles ardentes.

Ce sera notre dernière étape avant de quitter le continent. Nous embarquons la nuit sur la paquebot « Vicente Puchol » qui nous transportera à Melilla.

Nous voici sur la terre d'Afrique. Une demi – journée est consacrée à la visite hâtive des principaux quartiers de la capitale rifaine, puis le car nous conduit à Oujda où nous prenons le train pour Tlemcen.

Magnifique voyage, répétons- le , mais un peu précipité. Il n'en demeure pas moins que les impressions recueillis resteront vivaces.

La musique andalouse « Ghernata » dont notre maître Cheikh Larbi Ben Sari perpétue la tradition classique, contribue à faire aimer ce pays et c'est à la découverte des rives enchanteresses de l'Oued Lelen Xénil ou Dourro peut-être , que nous avons dû de vivre des instants d'extase…

Nous ne saurions terminer sans dire un mot de la population polie et aimable, mais malheureusement assez pauvre.

Cela est d'autant plus regrettable qu'au Moyen –Age déjà le poète musulman Ibn Khafadja chantait :

O gens d'Andalousie,
Dieu vous a favorisés.
Votre eau, vos arbres, vos ombrages,
Font que le Paradis éternel
Se trouve dans vos demeures.
Si j'avais à choisir,
C'est chez vous que j'irais.
Ne craignez pas après cela
Les tourments du feu.
Car il n'est pas possible
Qu'après un séjour au Paradis,
On puisse pénétrer en Enfer.

Djilali FARDEHEB

Agadir , berceau de Tlemcen

Un vieux minaret, quelques ruines de remparts courant le long d'une falaise, d'antiques sépultures cachés par un fouillis de verdure, tels sont les vestiges de l'ancien Tlemcen berbère, Agadir. Mais le nom demeure : le faubourg actuel d'Agadir, au Nord-Est de la ville, domine encore directement la vallée sinueuses du Saf Saf.

« Agadir » (au pluriel : « igoudar » ou « igidir ») signifie d'abord rocher abrupt et est ainsi synonyme de l'arabe « djorf » ou « kef ». Mais il semble préférable de lui donner ici l'autre sens, celui qui, dans les dialectes berbères, désigne non seulement un lieu escarpé, mais aussi un mur, une muraille, et par extension, un fortin, une maison fortifiée , un château magasin. L'Agadir , en effet, était le plus souvent une tour, un ouvrage facile à défendre et dans lequel les autochtone stockaient leurs vivres et leurs récoltes pour les mettre à l'abri des tentatives de voisins peu scrupuleux .

De tel festin se retrouvent nombreux en pays berbères ; certains ont conservés encore de nos jours leur destination première, spécialement dans les tribus du Sud marocain.

Notons que E.Destaing donne une autre signification du mot « Agadir » : c'est un camp ; mais toujours avec l'idée de retranchement, de fortifications qui constituent l'enceinte.

Agadir romain
(202- 670)

Qu'il fut simple magasin fortifié ou véritable camp retranché, notre Agadir devait avoir déjà quelque importance au temps des rois Numides, ne serait- ce qu'en raison de sa situation géographique. Ce qui est certain, c'est que plus tard, Rome en fit une borne de sa frontière d'Afrique.

« Le limes romain, qui était une prise de possession ai bénéfice de l'empire, des principaux points stratégiques ou utilitaires de l'Afrique du Nord , à la fois ligne de défense et barrière douanière, et qui, dans l'idée des gouverneurs, était fait autant pour ceinturer la Méditerranée que pour se protéger de l'inconnu du Sud passa tout au début du III° siècle par Tlemcen .

Le limes primitif, qui venait mourir à Melila, était dans la partie occidentale de la Mauritanie Césarienne , puisque collé à la côte Méditerranéenne . »

« Ce fut sous Septième- Sévère (201) que les Romains, sans rien modifier de la ligne Est – Ouest du tracé primitif , ayant achevé de coloniser la côte de la Méditerranée, l'étendirent du Nord au Sud , occupant ainsi la bande de terrain qui les menait jusqu'aux hauts plateaux Algériens et Oranais, qu'ils n'ont d'ailleurs jamais occupés. Tlemcen devint ainsi l'avant – dernière station de ce limes de Gordien III, qui trouvait son point d'achèvement à Marnia et qui comptait comme villes principales :Djidjelli , Bougie, Alger, Cherchel, la capitale , Tipaza, Saint – Leu et Nemours .»

Cet Agadir du limes romain , on l'appelle Pomaria, c'est – à – dire les vergers. Sa vie romano- berbère dura, avec l'intermède de la ruée vandale, jusqu'à l'invasion arabe, soit un peu plus de quatre siècles.

On en sait peu de choses. Il eut cependant à Pomaria un camp retranché, de moindre importance que le « Cesatre Severiana» d'Altava (Lamoricière) :

sa garnison primitive a dû être formée de vétérans venus de Germanie, comme il était alors d'usage dans cette partie de la Mauritanie Césarienne , puis ces vétérans furent remplacés par des auxiliaires, recrutés parmi les autochtones et encadrés par des Romains –le genre de nos goums et maghzens actuels : « l'aile » de cavalerie (ala explorationis pomariensis) dont l'existence a été décelée grâce à une inscription locale, appartenait vraisemblablement à ces corps auxiliaires d'éclaireurs.

Pomaria eut aussi son dieu païen , protecteur de la cité, Aulisva, puis avec les progrès du christianisme , son église, assemblée suffisamment active et importante pour qu'elle ait eu à sa tête un évêque et qu'elle ait pu subsister jusqu'au XIV° siècle.

Mais la petite cité romaine ne fut, au fond, qu'un poste militaire sur un lieu de passage, avec le strict minimum nécessaire à la vie ; construite sans doute sur le type classique de toutes les villes de la Rome antique , elle nous a laissé que quelques traces de routes et de remparts, des bornes indicatrices, des dalles funéraires et peut - être son aqueduc, cette « Saguiat En-Nesrani » qui conduit encore aujourd'hui à Tlemcen l'eau des cascades d'El Ourit.

Quant aux populations autochtones vivant alors à Pomaria et ses abords, il est difficile d'en préciser très exactement l'origine : elles appartenaient aux anciennes tribus Zénètes, Berbères, nomade parcourant le Maghreb Central – de la Moulouya au Chelif – et débordant même jusqu'au désert, Maghraoua ou Beni Ifren, tribus étroitement apparentées d'ailleurs. « Les Maghraoua sont frères des Beni Ifren, tous ayant Isliten pour aïeul…vivant sous la tente et habitués aux usages de la vie nomade. »

Idolâtres, juifs ou chrétiens, ils voient dans Pomaria un magasin, un lieu d'échange et aussi un havre de sécurité.

Mais l'asile s'effrite en même temps que la paix romaine ; bien avant l'islamisme, les convoitises naîtront, qui allumeront les luttes fratricides.

L’invasion arabe et La réaction kharidjite (670- 765)

En l’année 42 de l’Hégire dit –on , en tout cas peu après 670 , la chevauchée arabe conduit Abou – El- Mohadjir , le lieutenant d’Oqba, sous les murailles d’Agadir. Les Beni – Ifren l’occupaient ;ils en auraient même fait une capitale qu’ils étaient résolus à défendre. Aussi la prise de la forteresse berbère dut –elle être rude à l’envahisseur, si l’on en juge par les légendes qu’elle a fait naître, chantées encore par les trouvèrent locaux.

Or, « les Berbères apostasièrent jusqu’à douze fois, tant en Ifriqia qu’au Maghreb », on peut donc penser qu’Agadir a vu de semblables retours et d’autres représailles. Il faut en effet, un demi – siècle pour que tout le Maghreb change de maîtres et même de religion. La vieille cité cesse alors d’être romano – berbères pour devenir musulmane, ou plutôt « elle fait maintenant partie, elle en ressentira toutes les vicissitudes. »

C’est d’abord l’explosion kharédjite.

Lorsqu’au début du VIII° siècle, les arabes s’élancèrent à la conquête de l’Espagne, le grans schisme musulman cherche, lui, à se réfugier d’Orient en Afrique. Il y réussit et est, très vite, bien accueilli par les Berbères impatients de secouer le joug arabe.

Aussi dans le Maghreb, le mouvement prend – il la forme d'une insurrection, insurrection à base démocratique, à la fois politique, économique et sociale, révolte de la plèbe contre ses maîtres, assez exactement ce qu'était quelques siècles plus tôt, le donatisme chez les Chrétiens. Cette insurrection part de Tanger, sur les derrières de l'armée arabe d'Espagne, et remonte vers Kairaouan, le long de la grande ligne de communication de l'envahisseur.

Vers 740, le soulèvement est général, mais la réaction arabe est très vive .Victorieuse autour de Tripoli et de Tunis, elle échoue cependant contre Agadir, ou plutôt Tlemcen, car la ville semble avoir pris son nom actuel dès cette époque.

Ici les Beni – Ifren , alors maîtres de la région , avaient proclamé Calife l'un des leurs, Abou Qorra. Pendant quelques décades, Tlemcen, avec Abou Qora, demeura le centre de l'action kharédjite extrémiste au Maghreb.

L'Idrissisme et la Crise Fatimide (788-974)

Ce Califat des Zénétes –Abou –Qora remplaça Khaled Ibn Hmed comme chef des Zénétes » . Ce Califat, s'il donne quelque reflet à Tlemcen, n'en est pas moins éphémère : les luttes des clans et de tribus, la lassitude des exactions populaires, les aspirations à l'ordre et à la tranquillité, tout cela tend à son effondrement.

Aussi lorsque Idris, descendant d'Ali et de Fatima, fille du Prophète, quitte les hauteurs de Zerhoun, franchit la Moulouya et se présente devant Tlemcen, le fruit est –il en pleine maturité : l'émir Mohamed Ibn Khazen, qui tient alors la ville au nom des Maghraoua, l'offre de plein gré à l'imam.

Marque de générosité du vainqueur, et aussi de la foi commune, une mosquée est aussi édifiée. « Au nom de Dieu le clément, le Miséricordieux. Ceci a été exécuté sur l'ordre de l'imam Idris Ben Abdellah Ben El Hasein Ben Ali Ben Abou Taleb – que Dieu les agrée – dans le mois de çafar de l'année 174 » (789 J.C.)

Embellie par Idris II, cette mosquée s'écroulera d'abandon au XVII° siècle. Il n'en reste plus, à l'heure actuelle, que le Minaret ; avec l'apport de matériaux empruntés à des anciennes constructions romaines, il aurait été restauré sinon édifié entièrement – par Yaghmoracen, le premier roi abd el wadite de Tlemcen (XIII° siècle).

Il faut pense qu'avec les Idrissides, Tlemcen est entrée tout à fait dans l'histoire musulmane , et que , pour la première fois, elle est absorbée par l'Ouest .Mais la création d'un empire à Fès, c'est aussi – et surtout – l'échec de la domination arabe dans le Maghreb : « On n'y verra plus jamais les émirs levantins, généraux fonctionnaires du Khalife , à sa nomination et à ses ordres. C'est fini. D'Egypte en Afriqia : les armées orientales ne passeront plus jamais ».

Pourtant vers l'Orient surgissent de nouveaux périls face à l'empire des Idris qui entre en agonie se dresse l'adversaire de Mehdia et de Kairaouan. Pour Tlemcen comme pour le Maghreb Central , cette crise fatimide est un duel entre Berbères , Senhadja de Kabylie contre Zenata du Chelif, sédentaires contre nomades , ceux –ci bientôt vassaux des Omeyyades d'Espagne ; lutte lourde de conséquences, car, avec les victoires de Ziri et de Bologguin , elle fait à peu près disparaître d'Algérie ceux qu'Ibn Khaldoun appelle les « Zénètes de la première race », les Beni –Ifren et les Maghraoua.

Tlemcen , ville frontière , changement de mains incessamment, ne deviendra une capitale que trois siècles plus tard, avec les Abd el wadites, Zénètes de la seconde race.

On peut cependant juger de son importance d'alors en se référant à « la description de l'Afrique Septentrionale qu'écrivit El Bekri entre 1061 et 1080 :

« Tlemcen est une grande ville , entourée de murs et située au pied d'une montagne, dont les bois sont d'essence de noyers, qu'elle a cinq portes , dont trois regardent le midi , à savoir : la porte du Bain (Bab El Hammam) , la porte de Ouahhab (Bab Ouhhab) et la porte au guichet (bab el Khoukha) ; la porte d'El Aqaba (la montée), qui regarde l'Orient, et celle d'Abou Qoura qui regarde l'Occident. »

Les emplacements de deux de ces portes peuvent être précisées à l'heure actuelle, le long des remparts ruinés d'Agadir : ce sont Bab Ouahhab et Bab el Aqaba.

Bab Ouahhab était située à proximité de la Qoubba de Sidi Ouhhab, qui , par son caractère , protégeait cette entrée de la ville. Ouahhab Ben Mouabbih , le saint le plus ancien de Tlemcen, y était déjà enterré au X° siècle ; d'ailleurs , la tradition tlemcenienne en fait un compagnon du Prophète, venu jusque-là avec les armées d'Oqba.

Quoi qu'il en fut , les abords de son tombeau devinrent , sel.

L'usage, un cimetière public où les rois de Tlemcen , par la suite , firent ensevelir des membres de leur famille. Tel est le caractère de ce Bois Sacré, aux térébinthes centenaires, que l'on découvre aujourd'hui à quelques pas de l'entrée de la ville, sur la route d'Oran. Lieu de silence et de méditation, il abrite d'autres monuments, c'est ainsi que le tombeau de la Sultane (XII° siècle), coupole de très belle facture artistique, contraste étrangement avec la modeste tombe de Sidi Yagoub , enfermé dans sa petite cour à ciel ouvert. Celui – ci , Sidi Yagoub Yousof Et Tifrisi vivait au XIV° siècle et fut inhumé dans son oratoire, dont il reste encore les vestiges d'un mihrab ; c'était un homme instruit ; il enseignait la science dans sa chapelle, aux hommes et aux génies », nous apprend Yahia Ibn Khaldoun.

Quant à Bab el Aqba, elle perçait le rempart oriental sur le chemin escarpé qui menait à la mosquée. C'est par cette porte que les Français pénétrèrent dans Tlemcen le 13 janvier 1836. Encore debout en 1885, elle s'était écroulée à la suite d'un glissement de terrain .

Cette porte avait, elle aussi , son gardien sacré Sidi Daoudi, dont le Mausolée se trouve à une centaine de mètres au-dessous de Bab el Aqba. Abou Djafer Ahmed Ed Daoudi mourut au IV° siècle de l'Hégire . Son renom de sainteté en avait fait le patron de la ville , mais les Tlemceniens lui enlevèrent ce titre pour le donner définitivement à Sidi Boumediène , enseveli à El Eubbad moins de cent ans plus tard (1197 de J.C.)

Ainsi , Tlemcen, dans les débuts du XI° siècle, c'est toujours Agadir, mais ce n'est encore qu'Agadir .Pour que la ville marque vraiment une nouvelle étape dans son destin , il lui faut attendre l'arrivée des gens « du Litham ».

La Domination almoravide
(1069 – 1144)
Création de Tagraret

Ces voilés du désert, ce sont les Sanhadjiens Lemtouna, qui la voix de l'énergique Ibn Yasin avaient pris pour tâche de restaurer l'Islam primitif. Moine d'un genre nouveau, organisés en couvents guerriers , en « ribât », ils professent la doctrine orthodoxe et suivent « le rite institué par Malek Ibn Anès celui qui leur fraye cette voie et qui appela les peuples au ribât et au maintien de la vérité se nommait Abde Allah Ibn Yasin . »

Tels sont les « Morabitine » ou almoravide qui vont porter l'Islam au-delà du désert, dans le Soudan et étendent ensuite leur influence dans le Maghreb extrême. Là , sous la conduite d'Yousef Ibn Tachfin , ils fondèrent Marrakèche, qui sera leur capitale.

« A la suite de ces conquêtes, Yousef mena ses almoravides dans le Maghreb Central et soumit la ville d'Oujda ainsi que le pays des Beni Iznasen . Il prit ensuite la ville de Tlemcen dont il tua la gouverneur, El Abbès Ibn Yahia et toute la garnison maghraouienne . Voulant faire de cette place un des boulevards de son empire et un lieu de sa station pour ses troupes , il y installa un corps almoravide sous les ordres de Mohamed Ibn Tinamer , de Messouf.

A l'endroit où il avait dressé son camp , il fonda la ville de Tagraret . ce mot signifie station en langue berbère . »

En effet , quand Yousef Ibn Tachfin investit Agadir, les almoravides plantèrent leurs tentes sur le plateau dominant légèrement la ville au Sud – Ouest ; le camp ainsi installé se transforma ensuite en une bourgade qui conserve l'appellation initiale : Tagraret .

Premier exemple local d'une ville qui naît d'un camp créé pour assiéger une autre ville, le fait se reproduira plus tard avec l'apparition de la « Mansoura » mérinide. Mais les destinées des deux cités furent bien différentes : ici, seules des ruines demeurent, rappelant le passé ; là c'est une future capitale qui, malgré les vicissitudes de la fortune, maintiendra sa pérennité.

Cette fondation de la Tlemcen actuelle, on la fait remonter à l'an 462 de l'Hégire (1069 –1070 de J.C) ; pour Agadir, la date est douloureusement mémorable qui annonce la décadence et la disparition de l'ancien relais romano - berbère.

L'effort du nouveau maître s'est portée, en effet, sur Tagraret dès les débuts de sa conquête et s'est poursuivi au cours des trois quarts de siècle de cette domination. Certes, il n'est pas très sûr que le « ribât » d'El Eubbad – près duquel fut enseveli Sidi Boumédiène – ou celui d'Agadir – dont une source porte encore le nom – datent de l'époque almoravide ; de même, il n'est à peu près certain que les remparts de Tagraret furent édifiés plus tard. Mais ce que l'on sait pertinemment , c'est que l'on doit aux gens du Litham la construction d'un château – fort , aujourd'hui disparu , et surtout , sur un emplacement voisin de ce château, la fondation de la Grande Mosquée.

L'importance que l'on donnait à Tagraret est bien marquée par la majesté de cet édifice, dont la construction fut entreprise en 1135. L'almoravide, alors maître de l'Espagne, importa du Maghreb les beautés de l'Art andalou, avec les plus habiles de ceux qui s'y exerçaient. C'est pourquoi Tlemcen s'embellit alors de Palais tellement beaux « que depuis on a jamais rien pu construire de semblable. »

Tagrart devenait, en même temps, un centre important de ce que : au point de vue religieux, Mr Georges Marcais appelle « le Malekisme intégral ». Certes, chacun des grands juristes de cette école de Tlemcen eut son heure de célébrité, mais parmi eux, on surtout retenu deux noms : le qadi Ibn Sahib Es Salat et Abd Es Selâm et Tounsi , dont le tombeau est voisin de celui de Sidi Boumedine. Ces deux – là eurent d'ailleurs un élève qui deviendra illustre : Abdelmoumèn , le futur et véritable fondateur de la dynastie des Almohades.

Nous avons une description sommaire de Tlemcen de l'époque :c'est celle que nous a laissée El Bekri : « Tlemcen, capitale du Maghreb Central, possède des bazars, des mosquées, une mosquée cathédrale , des plantations d'arbres et des ruisseaux qui font tourner plusieurs moulins et qui forment la rivière Setfasif , siège de l'empire zénatien, rendez – vous des tribus berbères. Tlemcen est aussi un point de réunion des marchands de tous les pays .Tlemcen n'a jamais cessé d'être la demeure des hommes savants dans la loi et dans les traditions, des jurisconsultes, connaissant par cœur les décisions légales fondées Sur l'analogie et conformes au système de doctrine enseignées par Malek Ibn Anes. »

Tlemcen Almohade
(1144-1256)

C'est devant cette ville que vont se présenter, en 1144, les troupes conduites par Abd El Moumen Ben Ali Ben Aloua.

Etrange destinée que celle de ce fils de potier des environs de d'Honein, port de Tlemcen et des Traras .Nous l'avons vu s'instruire à Tlemcen, auprès des plus célèbres docteurs de la loi Malékite. Puis il va vers l'Orient, envoyé par ses condisciples à la recherche du nouveau propagateur de la science divine, Ibn Toumert, dont la réputation est parvenue jusqu'à eux. C'est la rencontre près de Bougie et la soumission du Nedromi et savant d'Igliz . « Reste auprès de moi » , dit celui – ci, « deviens mon compagnon et mon auxiliaire dans la lutte que je veux entreprendre pour anéantir ce que prohibe la loi, vivifier la science et étouffer les innovations religieuses » .Puis, c'est le retour vers le Maghreb et le séjour à Tlemcen ; mais l'enseignement donné par Ibn Toumert provoque l'hostilité des juristes. Chassés de Tlemcen, les deux hommes vont se réfugier dans l'Atlas , d'où ils repartent bientôt en conquérants.

Quand meurt le nouveau Mahdi, Abd El Moumen reste seul à la tête de ses fidèles, de ceux qui proclament l'unité de Dieu, les Almohades.

C'est ainsi qu'Abd El Moumen, devenu Sultan almohade, parvint aux portes de Tlemcen. Vainqueur des forces de Tachfin Ben Ali, le fils du fondateur de la Grande Mosquée, il pénétra facilement dans Tagraret, mais fut arrêté devant les remparts d'Agadir, où s'étaient réfugiés les notables almoravides. Tachfin a déjà disparu, et la chute d'Agadir conduit au massacre des vaincus : la domination almohade commence sur Tlemcen.

Aux grandes nomades du désert ont donc succédé les sédentaires montagnards de l'Atlas. Ennemis du Mélikisme intégral , ils se sont faits les défenseurs d'Achari et de Ghazali dans les domaines de la scolastique et du mysticisme. Mais ils furent les continuateurs des Almoravides dans les apports artistiques qu'ils puisèrent en Andalousie. « L'ère des Almoravides et des almohades est infiniment attachante. L'hispanisme musulman fond leur rudesse maghrébine et par eux, la civilisation passe de l'Espagne au Maghreb. Ainsi s'opère un échange d'art et de force : si la Berbérie infusa un sang nouveau à l'Islam Andalou, la civilisation andalouse pénètre largement en Berbérie. Si l'Espagne reçut de l'Afrique les soldats de la foi, elle lui fournit, en retour, des architectes et des artisans. (Julien).Troc de l'idée et du sabre. Mais aussi fécondation réciproque »

La Giralda de Séville, la Tour de Hassan à Rabat, la Koutoubia de Marrakech, la Mosquée de Zinmal ont ainsi, sur leurs murs, le sceau des descendants d'Abd El Moumen.

Tlemcen, elle, n'a pas profité de cet essor. Il y a bien eu la construction des remparts de Tagraret, la restauration de ceux d'Agadir, et enfin la réunion des deux villes. Mais, ces travaux semblent marquer davantage, chez les sultans almohades, la volonté de faire de ce point un bastion avancé de l'empire de Marrakech.

Il faut dire que Tlemcen a vu disparaître, dans le sang, ses écoles de juristes. Son étoile cessant de briller. C'est l'abandon de la vieille cité zénatienne au profit des villes du Maghreb extrême. La conséquence directe de cette défaveur se marque nettement sur le plan local ; tandis qu'à Tagrart se rassemble autour du château du gouverneur, tout ce qui conserve de la vie à la cité ; fonctionnaires, soldats, commerçants, Agadir, l'ancienne capitale d'Abou Qorra, n'abrite que les gens du peuple et quelques lettrés.

On peut se demander quel était, à l'époque, le sort des communautés non musulmanes, juives et chrétiennes qui habitaient jadis Agadir. Le Capitain Voinot nous a renseignés à ce sujet :

« Les almoravides ayant protégé les juifs, les almohades, au cours des luttes soutenus contre leurs adversaires, les exterminèrent après chaque victoire. Lors de la prise de Tlemcen, en 1146, la communauté juive fut dispersée…C'est pendant la première moitié du XII° siècle que les juifs furent contraints de se convertir en masse, beaucoup se firent musulmans, quelques-uns se laissèrent massacrer plutôt que d'abjurer leur foi. La persécution s'atténua, en 1185, après la mort d'Abd El Moumen sans doute par besoin d'argent, parce que les juifs et les chrétiens payaient des taxes spéciales, Abou Youcef Yacoub El Mansour imposa aux juifs de longs vêtements noirs à larges manches.

En 1198, En Naceur transforma leurs vêtements ; il les obligea à porter des turbans et de longs caftans jaunes. Cette mesure avait un caractère infamant ; elle était néanmoins une sorte de reconnaissance officielle du judaïsme dans le Maghreb extrême.

Les chrétiens semblent avoir été mieux traités par les almohades ; beaucoup servirent cette dynastie. »

A Agadir, en particulier, existaient encore de très vieilles églises, toujours fréquentées par les habitants de la cité.

Le déclin d'Agadir

Lorsque Yaghmoracen, avec l'aide de ses zénétes Abd –El – Wadites, se libéra de la suzeraineté almohade et créa son royaume de Tlemcen (1239), Agadir n'était plus qu'un quartier de la capitale. Certes, le fondateur de la dynastie zayyanide a voulu l'embellir : il a donné, en effet, un minaret à la vieille mosquée édifiée par Idris Ier . Le minaret, ainsi qu'on veut le voir encore, renferme dans ses murs de belles pierres romaines ; ces pierres furent disposées par les constructeurs de telle manière qu'on en lit aisément les inscriptions latines. Mais ce minaret, ce fut le point final de l'intérêt marqué par les princes pour l'antique cité.

Quant à la mosquée elle-même, aujourd'hui disparue, elle était encore un lieu de prière au XV° et au XVI° siècles : on a conservé d'ailleurs le nom d'un de ses imams, célèbre par sa science et sa piété, Sidi Ali Ben Yahia As Soulouksiny , mort en 1565, et dont le tombeau se trouve à quelques pas du minaret.

Il y a donc un abandon progressif d'Agadir par ses habitants. L'Abbé Bargès en a donné les raisons : « le quartier d'Agadir était très peuplé au XIV° siècle ; mais les guerres presque continuelles que les rois de Tlemcen eurent à soutenir contre les princes des états voisins ayant considérablement affaibli la population de cette ville, les Tlemceniens qui se trouvaient trop au large dans la vaste enceinte d'Agadir, abandonnèrent à peu près ce quartier. »

L'on estime que la ruine d'Agadir et des principaux monuments qui s'y trouvaient datent de l'époque turque. Les matériaux encore utilisables des vieux édifices servirent à en construire de nouveaux ; les juifs prirent pour leur cimetière les pierres taillées trouvées sur place. Il ne reste debout que le minaret et une partie des remparts.

Mais cette disparition de ce qui fut le berceau de Tlemcen a vivement impressionné l'âme musulmane de ces ruines est née une belle légende, qui mérite d'être rapportée ici : c'est la légende de « La vielle qui a désolé Agadir » (El edjouz elli khlats Agadir).

« A cette époque vivait à Agadir le jeune ménage d'un qadi –d'autres disent d'un prince – l'épouse était enceinte, et comme toute femme qui se trouve dans ce même état, elle avait des « envies » ; on connaît bien cette obsession du désir de posséder ou de consommer

(.....)

Il faut qu'il soit satisfait au plus tôt, de crainte que la marque indélébile n'en paraisse ensuite sur le corps de l'enfant à naître.

Or, un jour, notre jeune épouse, se trouvant au bain, remarqua non loin d'elle une femme du peuple ; celle – ci faisait son régal d'olives noires placées dans le creux d'une galette de blancheur éclatante. La première aurait bien voulu goûter à ce met qui semblait délicieux, mais elle soupira en vain : son rang lui interdisait de demander à la roturière ne serait –ce qu'une olive, et sa voisine ne comprit ou ne voulut comprendre ce désir inavoué.

L'épouse du qadi regagna son foyer, toujours obsédée par cette envie non satisfaite. Le moment venu, elle offrit, selon la coutume, la collation du soir à son époux ; pendant qu'il mangeait, perdue dans les rêveries, elle poussait de profonds soupirs et dit enfin : Par Allah ! qu'il est beau d'admirer du noir sur blanc. Son mari intrigué par ces paroles, lui demanda de préciser sa pensée. « oui, insista – t- elle , quelle merveille que la contemplation du noir couché sur la blancheur », rêvant toujours aux olives fourrées dans le petit pain blanc.

Le qadi, se croyant berné, entra dans une violente colère, il fit demander le vieux domestique nègre, qui servait depuis toujours dans sa maison, et ordonna de le ligoter sur le dos de sa femme : « Voici le noir que tu rêvais de voir. »

Ainsi fit le qadi. La nuit venue, il se coucha comme à l'accoutumée et fit semblant de tomber dans un profond sommeil. Une heure s'était sans doute écoulée, quand il sentit tout – à coup une main délicate frôler sa gorge. Il bondit, saisit la coupable – car c'était bien sa jeune épouse – et lui trancha la tête.

Le vieux noir, accourant au bruit, aperçut l'horrible spectacle et se mit à déchirer ses vêtements en poussant des lamentations. Le maître, se retournant alors contre l'esclave et lui coupa la langue .Le serviteur écrasé par la douleur, s'enfuit vers El Eubbad es Sefli où résidait la famille de la victime . Poussant des cris lugubres, il va de porte à porte, appliquer sur les murs ses mains rouges de sang et montre du doigt Agadir . Or, l'heure de la prière du Fedjer vient de sonner. Les gens sortent des maisons, des groupes se forment ; l'appel à la vengeance retentit bientôt et la horde des « Eçhab el Eubbad Es Sefli se rue en vociférant sur Agadir . il faut châtier le qadi assassin et ses partisans .En effet, rien ne fut épargné, ni par le fer, ni par le feu, et Allah est grand !. »

Le souvenir de la vieille traîtresse n'a pas encore disparu, mais il est plus confus. On dit, en effet, au sujet de quelqu'un convaincu d'un flagrant mensonge : la vieille, le nègre ou la négresse qui a désolé Agadir.

De nos jours, Agadir, demeurant encore sous le coup de la malédiction divine, n'abriterait plus que quelque déshérités, ou des parias ; car un adage populaire précise encore : celui que repoussent ses amis va habiter Agadir.

(Djilali FARDEHEB)

Table des matières

Printed by Books on Demand GmbH, Norderstedt / Germany